JN439987

순장소녀

송명화

순장소녀

초판 1쇄 인쇄 2016년 12월 20일
지은이 송명화
펴낸이 이승훈
펴낸곳 해드림출판사
주 소 서울 영등포구 경인로82길 3-4(문래동1가 39)
센터플러스빌딩 1004호(우편 07371)
전 화 02-2612-5552
팩 스 02-2688-5568
E-mail jlcc5059@hanmail.net

등록번호 제87-2007-000011호
등록일자 2007년 5월 4일

* 책값은 표지에 있습니다
* 잘못된 책은 바꿔드립니다

ISBN 979-11-5634-170-3

본 도서는 부산문화재단 2016년 지역문화예술육성지원사업의 일부 지원으로 발간되었습니다.

송명화 수필집

순정소녀

그녀는 지금
자신을 보는 우리의 눈길이 기꺼울까
돌아올 수 있어 다행이라 여길까
자그마한 키를 가진
가녀린 열여섯 살 소녀
영원의 숨결로 돌아와 들려주는
저편의 이야기

풀섶에서 듣는 바람소리처럼
생각을 불러 모으는 본격수필의 향연!

해드림출판사

책을 펴내면서

숲을 보고, 나무도 보고……

거대한 홍송들이 무리 지어 서 있었다. 허리 아래 송진을 채취당한 널찍한 흉터를 갖고도 당당하고 우람하게 가을 산을 장악하고 있었다. 상처에 굳은살을 입혀 더 단단하게 테를 두르고 푸른 잎 그늘진 발치에 벤치 하나 앉혀 사람을 쉬게 한다.

오 년 동안 발표한 글들을 정리하여 세 번째 수필집을 묶는다. 굴절이 많았던 시기에 내 상처를 다스리고 다듬어 지은 내 수필집도 누군가를 쉬게 하는 샘이 될 수 있을까. 수필은 내 마음의 그림이다. 일을 그만두면서도 잡고 싶어 한 영혼의 친구이며, 내가 세상과 소통하는 세련된 방법이라 여긴다. 행복한 기대 속에 주머니 속의 구슬 같은 내 글들을 한 편씩 꺼내 본다.

숲을 보려고 했다. 그 숲에 사는 나무들, 동물들도 보고, 숲의 배경이 되고 보호자가 되는 해와 달, 비와 안개도 보려고 노력하였다.

등단 열여섯 해를 넘겼지만 치열한 작가 정신이란 면에서 자신이 없다. 내 속의 읊조림이 공허한 푸념이나 내 삶의 안에만 머물러 내 책상 서랍 안에만 자리하면 적절한 글이나 아닐지 늘 조심스러웠다.

용기를 낸다. 잘나면 잘난 대로, 못나면 못난 대로 발표된 이상 그들도 생명이 있는 것이 아닐까. 어쩌면 나와 같이 느끼고 내게 더 나은 생각을 전해줄 소중한 독자를 만날 수 있을지도 모르겠다.

넘치는 작품평으로 책을 빛내주신 권대근 교수님, 영역해 준 조수진 번역가에게 감사드린다.

2016년 매듭달 늦은 저녁

송명화

목차

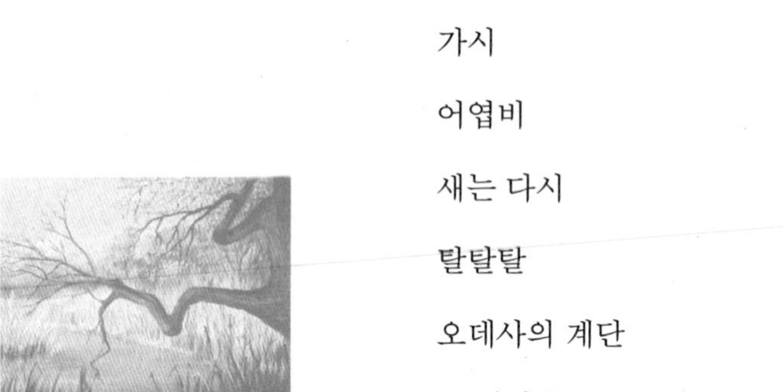

샤갈,
날개를
부탁해

미인이라 불러줄게

매니 큐어

가지 않은 길

순장소녀

악질군사

순장소녀

가시

어엽비

새는 다시

탈탈탈

오데사의 계단

두 개의 눈

탱자꽃

악질군사

어릴 적 교과서에서 본 김동인의 소설 『붉은 산』의 주인공, '삵'은 아직도 내 기억 속에 또렷이 살아있다. 죽음에 이르러 그가 한 말, "보고 싶어요. 붉은 산이…… 그리고 흰 옷이……."라는 문장에서 받은 충격 때문이었다. 예기치 않게 내가 그를 만주의 들판에서 떠올리게 된 것은 순전히 철수 때문이다.

그는 중국 땅이 되어버린 고구려의 역사 현장에서 만난 조선족 가이드다. 조그마한 키에 단단한 몸매를 가진 차돌멩이처럼 다부진 사내였다. 가무잡잡한 얼굴에 머리를 짧게 깎아 나이를 짐작하기 어렵고, 매서운 눈빛과 꽉 다문 입매가 그의 살아온 궤적이 평탄치 않았음을 말해 주었다. 버스를 타고 이동하는 일곱 시간 동안 철수는 조선족의 삶이 담긴 이야기보따리를 풀었다. 소설 속의 주인공, 삵의 동네 사람들은 학대받는 민족의 고통을 호소하며 울부짖었었다. 철수네 동네 사람들이 만주에 터 잡고 사는 일 또한 만만치 않았다. 어찌 수월하였겠는가.

철수의 별명은 '악질군사'였다. 축구를 좋아하는 조선족 아이들과 농구를 좋아하는 한족 아이들이 운동장에서 놀 때마다 다툼이 일어났다. 운동장을 반 갈라놓고 놀았지만, 축구공은 한족 구역으로 넘어가기 일쑤였다. "너거 땅에 가서 살아라. 우리 땅이다!" 한족 아이들은 이 한마디로 기선 제압을 노렸고, 조선족 아이들은 곧바로 악질군사가 되고 말았다. '너거'는 서러운 낱말이다. 그 말에는 싹둑 잘려 밀쳐지는 칼국수 반죽 자투리 같은 소외의 그림자가 숨어있다. 굴복을 종용하는 권위의 냄새가 묻어 있다. 어린 시절 주인집 아이들의 은근한 유세는 나에게 강력한 트라우마를 남기지 않았던가. 그 아이들이 힘주어 '우리 집'이라고 말할 때마다 기가 죽었던 나는 그런 내가 싫었다.

다툼에서 이기지 못하면 조선족 아이들은 자신의 마음을 지킬 수 없었다. 친구들 사이에서 고개조차 들 수 없었고, 집에 돌아가면 부모님께도 야단을 맞았다. 이국땅에 자리 잡고 산 세월의 상처가 얼마였을까. 그나마 상처에 굳은살 엉기며 흉터로 변해 아물듯 마음도 단단히 무장하고 붙들어 매어야 험한 삶일지언정 지켜나갈 수 있었으리라. 철수에게 삶은 처절한 전투였지 싶다. 목소리가 큰 사람일수록 마음자리는 더욱 보드랍고, 빈자리는 더욱 큰 경우가 많지 않던가. 한족 아이들로부터 '악질'이라 불렸지만, 그는 한 아이의 아버지가 된 지금까지 그 별명을 부끄러워하지 않는 우람한 느티나무 같은 남자였다. 철수가 자신의 인민증을 보여주었다. 그가 그렇게 지키고자 했던 자존심이 거기에 살아 숨 쉬고 있었다.

민족 난에 적힌 '조선'이라는 두 글자가 뚜렷이 떠올랐다. 중국의 인민증에 새겨진 한글이 뜻밖이었다. 소수민족의 처지로 어찌 뿌리를 지킬 수 있었을까. 길림성에 들어서자 차창 밖으로 만주족의 집들이 눈길을 끌었다. 치켜 든 턱 모양 끝을 들어 올린 지붕들, 하지만 그것뿐이라 하였다. 한때 천하를 호령했던 만주족들은 자신들의 말과 글을 잃고 생활풍습까지도 한족에 동화되어 버렸다. 병자호란때 인조가 청태종에게 항복한 사실을 기록한 삼전도비는 우리에겐 치욕이지만 그들에겐 자랑스러운 역사일 터이다. 그런데도 그 비문을 해독할 수 있는 만주인은 손가락으로 꼽을 정도라고 하니 만주족이 역사 속에서 퇴장하는 것은 시간문제라 해도 되지 않을까. 그들은 민족 난에 아예 '한족'으로 쓴다고 한다. 철수에게 인민증을 돌려주며 우리는 우레와 같은 박수를 함께 보냈다. 그의 가느다란 눈가에 이슬이 맺혔다. 나는 삵의 눈물을 떠올렸다.

삵은 죽음을 두려워하지 않고 동포의 편에 섰다. '익호'라는 이름이 있었지만, 행동과 이력이 밉상이어서 동포들에게서 '밥벌레'

또는 '삵'이라 불렸다. 사람들로부터 죽었으면 좋겠다는 소리를 듣던 인물이었다. 만주족 지주에게 소출이 작다는 이유로 송 첨지가 죽임을 당하자 모두들 원수를 갚자고 목소리를 높였지만 정작 나서는 사람은 없었다. 누군들 짐작이라도 했으랴. 삵은 아무도 몰래 복수를 하기 위해 만주인 지주를 찾아갔다가 허리가 부러지도록 두들겨 맞고 죽음을 맞는다. 철수네 마을 사람들에게도 어찌 그런 어려움이 없었을까. 꿋꿋이 우리의 말과 글, 생활방식을 이어가고자 노력하는 연변 조선족들은 당당한 소나무요, 끈질긴 인동초라 하고 싶다.

한족의 아이들은 여섯 살 때부터 장사를 시킨다는 말이 있다. 반면에 조선족은 아무리 가난하더라도 교육에 모든 것을 집중한다고 한다. 끼니를 걱정해도 아이들 학비만은 무슨 수를 써서라도 마련해야 한다는 의무감을 조선족 부모들은 지니고 있다. 철수 어머니도 혼자 삼 형제를 키우기 위해 가족과 떨어져 한국에서 오랫동안 거친 일을 하셨다. 우리 민족 모두의 핏줄 속 유전자는 교육이란 두 글자를 가장 소중하게 품고 있는 것일까. 철수도 자신의 여섯 살배기 아들의 많은 교육비가 부담이 되지만 부모로서 당연히 해야 할 일이 아니겠냐고 자랑스레 말하였다.

그들에게 살아갈 힘이 된 것은 무엇이었을까. 삶을 내던지듯 살아온 삶이 죽음에 이르러 마지막에 보고 싶어 한 것은 고향의 붉은 산이었다. 삶이 악착스레 싸움을 일삼은 것도, 마음에 조금의 너그러움조차 품지 못한 것도 분노와 절망, 그리고 향수 때문은 아니었을까. 하지만 사람대접을 받지 못하는 그에게도 정신은 살아있었다. "노래를 해 주세요. 동해물과 백두산이 마르고 닳도록……." 죽어 가는 삶을 들여다보며 둘러선 동포들이 숭엄하게 애국가를 불렀다. 황량한 만주벌판으로 퍼져나가는 눈물 젖은 노랫소리가 그들을 한 덩어리로 묶었다. 철수도 우리에게 당부하였다. "부디 나라를 잘 보전하고 더 발전시켜 주십시오."라고 말하는 그의 목소리가 흔들렸다. 버스에 한동안 정적이 흘렀다.

철수는 '악질군사'였다. 예전에 그는 머리부터 발끝까지 부모님이 한국에서 가지고 온 선물로 치장하고, 새벽부터 학교 문 앞에 앉아 친구들이 오기를 기다리던 귀여운 조선동이였다. 지금 이 순간 철수는 편리만을 추구하는 비겁한 사내가 아니라 우리 민족의 역사를 살려야 한다고 목울대가 아프도록 우리를 설득하는 든든한 배달의 후손이었다. 그에게서 소수민족의 그늘은 찾아볼 수 없었다. 삶이 듣고 싶어 했던 노래를 그에게 불러주고 싶었다.

'악질군사', 삶의 품위를 지켜준 자랑스러운 별명이 아니겠는가.

순장소녀

핏빛 옷을 입은 가야의 소녀가 내게 오른손을 내밀고 있다. 큰 눈동자가 자신의 삶이 궁금하지 않으냐고 묻고 있는 듯하다. 그 손을 잡은들 무슨 온기가 느껴지며 그 입술을 주시한들 무슨 이야기를 들을 수 있으랴마는 그 눈빛의 간절함에 묶여버렸다.

올여름 복천박물관에서 열린 '순장소녀 송현, 비사벌을 말하다'라는 전시회에서 나는 송현이를 만났다. 그녀는 창녕 송현동 15호 고분 속에 함께 순장된 세 명의 사람들과 함께 백골이 되어 누워있었다. 현세의 시간을 버렸건만 세월 속에 완전히 육탈되지 못한 뼛조각으로 인해 다시 현세로 돌아온 그녀는 지금 자신을 보는 우리의 눈길이 기꺼울까. 돌아올 수 있어 다행이라 여길까. 백오십 남짓 자그마한 키를 가진 가녀린 모습의 열여섯 살 소녀가 영원의 숨결로 돌아와 먼 역사 저편의 이야기를 내게 건넨다.

송현: 언니, 주군을 따라가는 게 저의 운명이랍니다. 그분이 혼자 저세상으로 가신다면 그곳에서 어찌 사신답니까? 제가 함께 가서 돌봐드려야 하겠지요.

나 : 너는 어찌 너의 삶을 돌아보지 않는 게냐? 네 인생의 주인은 너야. 네가 죽는다면 너의 부모님과 친구들은 얼마나 슬퍼할까 생각해 보았니!

송현: (눈물을 흘리며) 그렇지만 부모님도 저에게 주군을 잘 모시는 게 저의 임무며 운명이라고 하셨는걸요. 아, 무덤 속은 얼마나 어두울까.

나 : (송현의 두 팔을 세게 잡고 흔들며) 그럴 수는 없다. 네가 있어야 할 곳은 이곳이지 저승이 아니야. 두렵지 않니? 오빠 말처럼 얼른 국경을 넘도록 하여라. 얼른.

송현: 내가 도망을 친다면 부모님은 어떻게……. 이제, 호위무사가 독배를 가지고 올 테고. 어쩔 수 없어요. 하지만 무서워요. 언니, 무서워요……(멀리서 둔탁한 발자국 소리가 점점 가깝다).

송현이가 보고 있는 세상은 비화가야의 빛나는 문화가 숨 쉬는 찬란한 땅이었다. 순장부에 이름이 오르고서도 그녀가 보는 세상은 아름다웠을까. 왕의 죽음이 확정된 후 그녀는 박물관 유리장 앞에 서 있는 저 모습처럼 놀란 눈으로 표정을 잃고 말았던 것일까. 그녀 또래 소녀들은 낙엽이 구르는 모습만 보아도 울고 웃는다고 하는데, 꽃잎처럼 고운 입술로 소녀는 말했으리라. 무서워요……. 무서워요…….

무덤 속만 무서운 게 아닌 것 같다. 살아서 두 손 모아 바치던 음식을 죽은 뒤에도 상전에게 받쳐드리고자 하는 충성심을 믿고 싶어 한 왕의 자비롭지 못한 심성이 두렵다. 죽은 뒤에도 현실의 삶이 그대로 이어진다고 믿은 가야인들의 무지가 무섭다. 지배계급이 가진 칼날의 그늘 아래서 죽어서도 피지배계급으로 살기 위해 목숨을 바쳐야 했던 사람들의 내세관에 오싹해진다. 게다가 어린 송현이가 독배를 받아들일 수밖에 없도록 회유하였을 살아남은 이들의 냉담한 체념은 차라리 아프지 않은가.

송현이는 무덤 속에 누웠다. 차고 투명한 이성이 사라진 세상에서 그녀는 하나뿐인 생명조차 권력자에게 빼겨야만 하였다. 처음부터 그 세상에 인간적인 자비가 있기나 하였을까. 세상 밖에나 무덤 속에나 그것은 자리하지 않았다. 고고학자는 그녀가 반듯한 뼈의 형상으로 볼 때 산 채로 매장되지는 않았다고 하였다. 게다가 뼈에 상처가 없어 누군가처럼 두개골이 깨지는 고통을 당하지도 않았으며, 아마도 독을 마셨거나 질식사하였을 것이라는 추측을 내놓았다. 그 학자는 다행이라고 표현하였지만 그녀에게 다행이란 낱말은 어울리지 않으리라.

현대과학기술에 힘입어 되살아난 송현이는 사랑니도 채 자라지 않았고 성장판도 닫히지 않은 사춘기 소녀였다. 무릎을 꿇는 생활을 많이 하였는지 나이에 어울리지 않게 무릎뼈가 닳았고, 빈혈이 있었으며, 여러 개의 충치로 고생하였고, 앞니로 무언가를 반복적으로 끊은 흔적을 찾을 수 있었다고 한다. 온갖 질병으로 힘들어하며 여린 무릎뼈가 닳도록 억눌려야 했던 삶을 죽어서도 계속하기 위해 순장의 굴레를 졌단 말이던가. 혹여 그 억울함 누를 길 없어 그 옛날에 이런 일이 있었노라 증언하러 내게 왔단 말이더냐. 왼쪽 귀에 매달린 금귀걸이의 반짝임조차 그녀의 삶에 빛이 될 수는 없었으리라.

귀걸이 한쪽은 어디에 두었을까. 어쩌면 독배를 들어야 했던 그 시각이 오기 직전, 헤어지기 싫은 친구와 한 개씩 나누었을 수도 있으리라. 아니면 그녀의 시신을 옮기던 인부가 그 귀한 반짝임이 탐이 나 슬쩍 챙겼을지도 모를 일이지. 가야나 신라지역의 순장자들이 지녔거나 함께 묻힌 껴묻거리들을 살펴보면 평민들은 가질 수 없는 값나가는 것들이 많아 죽은 이들이 제법 높은 신분의 사람이라는 추측을 한다. 왕의 죽음 앞에서 높은 신분의 소유자가 파리 목숨이나 다름없이 순장의 대상이 된다는 현실은 노블레스 오블리주의 실천이었을까 싶기도 하지만 믿기 어려운 일이다. 목숨을 거둘 날을 받아놓고 위로의 의미로 그녀가 평생 가져보지 못한 금귀고리를 그녀에게 건넸을 수도 있지 않았을까. 어느 경우라도 그녀가 흘렸을 눈물의 깊이는 잴 수 없을 것 같다.

죽음 앞에 누가 의젓할 수 있을까. 도를 이룬 깨달은 이도 아니고, 산전수전 겪어 삶을 스스로 포기하고 싶을 만큼 자포자기한 사람도 아니다. 분홍빛 꿈을 가슴속에 키워나가던 어린 소녀가 감당하기에는 너무도 가혹한 처사였다. 자신의 다음 세상이 두려워 다른 사람까지 모호한 죽음 후의 세상으로 이끈 왕은 참으로 대왕다운 지도자는 못 되었던 것 같다. 죽음 앞에서는 성직자도 살려 달라 의사의 가운을 잡아당기고, 백수를 코앞에 둔 노인조차 혹시나 싶어 보약을 끓이는 게 인지상정이다. 누군들 죽음의 검은 휘장 속을 두려워하지 않을까.

현세의 삶이 죽어서도 이어진다는 계세사상을 신봉하는 시대였다. 살아서 모시던 왕을 죽어서까지 섬기는 내세관을 송현이도 순순히 받아들였던 것일까. 그것을 숙명으로 여겨야 하는 세상이었다면 그건 분명 지배계층이 피지배계층을 세뇌시킨 무자비한 폭력이 아닌가. 죽음 이후의 세계가 두려웠던 권력층의 간절한 바람이 가져온 어처구니없는 비극을 어찌하면 좋을까. 순장이 불가능해지자 토용을 빚어 넣고 사후세계를 위해 온갖 껴묻거리를 함께 묻어 자신들의 바람을 이루려 한 그들의 기원이 안쓰럽다. 사후세계를 준비한 대표적 인물인 진시황의 병마용을 처음 보았을 때 나도 모르게 혀를 찼다. 살아서는 불로초를 구하느라 노심초사하고 죽어서는 엄청난 병마용을 소유하여 그만의 제국을 계속 누리려 한 그 욕심에 놀랄망정 찬사를 보내는 이는 없지 싶다.

가녀린 몸에 걸친 버겁도록 헐거운 옷이 그녀를 짓누른 삶만큼이나 무거워 보인다. 긴 소맷자락에 덮인 채 나를 향하고 있는 그녀의 손끝에서 단호함을 본다.

송현: 이제 말하고 싶어요. 얼마나 싫었는지. 두려웠는지. 또 서러웠는지! 그리고 얼마나 살고 싶었는지!

나　: 알아. 네 마음을. 너의 부활로 비사벌의 비극은 햇살 아래 섰다. 이젠 웃으렴.

송현이의 모습을 카메라에 담는다. 살풋 꽃 피우다 잘려버린 가련한 꽃망울이 안쓰러워 화면은 얼핏 핏빛이 된다. 죽은 이는 말이 없다지만 역사 속에 온당치 못했던 죽음이 어찌 안식에 들 수 있었을까.

가시

기둥선인장이니 곧게 자라는 것이 정석이렷다. 하지만 내가 키우는 선인장은 척추측만이 되다 못해 척추곡만이 되고 말았으니. 받침대를 두 개나 받치고 나서야 어미는 제대로 섰다. 굽은 허리를 펼 수는 없었으나 땅을 기는 모양은 면하게 되었다. 두 손으로 허리를 받치고 나도 의젓하게 서 본다.

오랜만에 살핀 선인장의 모습은 참혹했다. 토실한 새끼 선인장들이 어미의 몸체에 빈틈없이 붙어서 어미를 제대로 서지도 못하게 누르거나 끌어당기고 있었다. 흥부의 자식들이 밥 달라 돈 달라 아우성치는 장면이 이럴까. 어찌 살릴까 요량을 굴려 본다. 어미가 땅을 향해 긴 목을 늘이고 있다. 매품을 판 흥부가 집에 와서 저리 뻗었었지. 어미의 목숨이 위태로운 징조가 여기저기 보인다. 몸통 아랫부분이 허옇게 마르면서 가늘어지고 몸체 구석구석에 굳은살이 박였다. 뿌리와 접한 부분은 흙과 분리된 채 뒤틀어질 정도였다. 몽땅 떼어내야 하리라. 떠나기 싫다고 장갑 낀 내 손을 찔러대는 새끼선인장의 아우성과 떠나보내야만 하는 어미의 한숨이 안타깝다.

말라서 비틀어지고 침조차 뭉뚝하니 생기를 잃은 선인장이 내 어머니 모습이다. '어머니'라고 가만히 소리 내본다. 듣는 이 없는데 조심스럽다. 마지막 모음이 혀가 내려앉은 입 안과 목구멍을 돌아 가슴을 무겁게 누르며 내 몸속 비어 있는 공간을 휘돌아 나온다. 같이 있지 않아도 나보다 내 마음을 더 잘 아는 듯하여 놀랍기만 하던 어머니는 아직도 내 몸과 마음 어디에나 계시는 게 아닐까.

어머니는 나를 기다리셨다. 학교가 파하고 집으로 가면 대문이 보이는 골목 모서리부터 발걸음이 빨라졌다. 문을 밀치며 '엄마'라고 크게 부르면 재봉틀 소리가 뚝 그치고, 밝은 목소리가 나를 반겼다. 그분은 어린 나의 동그란 우주 전체였다. 어머니가 일주일 내내 기운 우비를 머리에 이고 삯을 받으러 가신 날은 혼자서 누워도 보고 실패도 만져 보았지만 오후 내내 신이 나지 않았다. 장롱과 앉은뱅이 재봉틀이 가재도구의 전부였던 안방이 운동장만 하였다.

어머니는 지금도 나를 기다리신다. 같이 살자는 권유를 마다하고 허름한 시골집 낡은 역사를 지키고 계신다. 올 거친 삶의 지주가 되던 남편이 투병 빚만 남긴 채 다시 못 올 길로 떠났다. 힘이 되어주시던 할머니도 가셨다. 소맷부리에 매달리던 어린것들도 제 삶을 찾아 뿔뿔이 흩어졌다. 어미 된 마음은 미물이나 사람이나 매한가지인가 보다. 매정한 내 손길을 거부하려는 듯 가시들이 거칠게 일어선다. 덜 굳은 가시로 얘들이 어찌 혼자 살아갈까. 근심에 싸인 어미선인장은 몸을 활처럼 구부려 한을 둥개고 있다. 누구나 한번은 떠나는 것, 깊은 밤 불 밝히고 낡은 사진첩 어루만지며 홀로 가슴 싸안던 어머니도 때가 되면 ……. 손때 절고 금 간 토분 같은 집만 남겨지리라.

어머니께서 문을 밀며 부르고 싶은 이름은 무엇일까. 곁에 남은 이 없음을 알면서도 늘 부르시는 이름은 무엇일까. 같이 살면서 어머니께서 내 이름을 부르실 때 반가이 대답하는 일은 이제 어른이 된 내가 해야 할 의무일 것이련만. 그분의 치맛자락에 싸여 네 남매가 자랐다. 하지만 무려 여덟 개나 되는 자식들의 큰 손은 제 자식 쪽으로만 향해 있으니……. 어머니는 지금도 혼자이시다. 부르고 싶은 이름을 속으로 삭이며 그렇게 혼자 계신다.

오랜만에 만난 친구의 이야기는 묘한 여운을 남겼다. 팔순을 넘긴 아버지가 돌아가시기 전에 중환으로 고생을 많이 하셨다고 한다. 임종 전에 혼미한 정신을 잡아보려고 신음하면서 '엄마, 엄마' 하고 애처롭게 부르시더란다. 가파른 벼랑에 매달려 땅 위에 드러난 나무뿌리를 잡고 버티는 지경이 아닌가. 생명줄이 끊어지려는 절체절명의 위기 상황에서 그가 찾은 본능적인 모음은 '엄마'였다. 아내나 자식의 이름이 아닌 영혼의 고향, 어머니였던 것이다. 결국, 돌아가셨다는데 어쩌면 먼저 가신 어머니의 대답을 들으셨는지도 모를 일이다.

굽은 허리를 펴는 신통한 대장장이는 없는 것 같다. 세월의 무게가 고스란히 얹혀 화석이 되려는 것인가. 지난번 제사를 지내고 한밤중에 떠나올 때 어머니를 꼭 껴안아보았다. 내 몸무게를 온통 실어 매달려도 끄떡없던 엄마를 힘을 주면 사그라질까 봐 살며시 껴안아야 했다. 어머니께 종아리를 맞으면서 예전처럼 아프지 않아 울었다는 옛사람의 고사가 내 일인 양 서럽다. 서너 시간을 달려와 무사히 도착하였다는 전화를 드렸다. 주무시지 않고 계시다가 내 전화에 답하는 어머니 목소리를 들으니 마음이 제자리를 찾는다. '어머니는 내게 대답해 주시려고 옛집에 계시는 거야.' 나는 또다시 엄마 등에 매달리는 철없는 새끼선인장이 되고 만다.

따끔하다. 장갑을 끼고 신문지로 말아 쥐었는데도 서너 개의 침이 손가락에 박혔다. 가시 하나 뽑을 때마다 어머니 계신 서쪽 하늘을 바라본다. 해외여행을 권하는 내게 팔순을 넘긴 내 어머니는 거친 손으로 뒷짐을 지고 일하러 가야 한다고 하셨다. 손자 녀석 용돈이라도 벌어야 한다면서 단호히 거절하셨다. 아들만 자식이냐고, 직업 있고, 자식까지 있는 아들에게 무슨 걱정거리가 남았냐고, 제발 당신 걱정이나 하시라고 퉁명스럽게 응대한 내 목소리가 두고두고 나를 찔러대는 가시가 될 줄 어찌 알았을까. 새끼를 떼어내는 나를 견제하는 어미선인장의 가시는 날을 곧추세워 햇살 속에 은빛으로 빛난다. 칼날처럼 뻗치는 기상, 나는 잠시 머뭇거린다. 아직도 새끼에게 빨릴 수액이 남았을까. 군데군데 굳어가는 몸을 지탱하기조차 힘든데 어미는 새끼를 안고 가려 하는 것인가.

내 이름을 부르는 어머니의 목소리를 듣는다. 첩첩한 건물 너머 아득한 구름 사이로 괜찮다고 하시는 어머니의 목소리, 굽은 허리를 세울 튼튼한 받침목이 되지 못하는 큰딸을 어머니가 토닥이신다. 그 목소리가 더 아파 가시가 잘 보이지 않는다. 내 가슴속에서, 내 손가락에서 가시들이 서릿발처럼 일어선다.

어엽비

내 생의 버킷리스트를 작성해 볼까. 어쩌다 본 영화 때문에 생각이 많아진다. 세상을 떠나는 순간에도 자신의 삶을 소중히 다루는 자세는 어떤 것일까. '아름다운 이별'이라. 올려다본 단풍나무 가지 사이로 하늘이 보였다. 차가운 물빛 여백이 철학적이다. 가을의 끝자리, 아울러 겨울의 초입에 앞뜰에 나왔다. 벤치에 앉은 내 무릎 위로 팔랑이며 단풍잎 하나가 내려앉았다.

늦가을의 창녕에서였다. 나는 달력의 그림 속에 들어간 것처럼 초대받은 풍경 속의 주인공이 되었다. 색다른 비, 차가운 바람이 한차례 일고, 우수수 떨어지는 그것들은 예전에 본 빗줄기들처럼 수직으로 내리꽂히거나 한시바삐 땅에 떨어지고자 서두르지 않았다. '추락하는 것은 날개가 있다'는 소설이 있었지. 마지막 비행을 하는 그들의 몸짓은 처연하기까지 하다. 바람에 몸을 얹고 놀이기구를 탄 듯 가볍게 흔들리는 부러운 여유로움이여. 그런 빠름과 느림의 조화를 나도 따라 할 수 있다면 삶은 예술일 터이지.

내려앉는다. 내 어깨 위에도, 내가 서 있는 고택의 뜰에도, 장독대에도, 담장 위에도, 지붕에도……. 구른다. 홍마당을 펼친다.

마른 가지에 기적처럼 눈을 틔웠지. 봄볕에 몸을 말리며 초록 향연을 준비하고, 부지런히 세를 불렸다. 사람도 새도 고물대는 벌레들까지도 식구였어. 찬비도 모래바람도 가려주고, 엽록소를 끊임없이 먹여 열매를 익혔지. 다음 세대를 준비하고 나서 돌아보니 잎맥조차 생기를 잃었어. 떠날 일만 남았지만 할 일이 있어. 온몸의 정기를 불러 모아 다시 한 번 생명의 옷을 입어보려네. 꼬맹이들 노란 활동복 색깔, 새 각시 치마 같은 홍색, 세월을 다 아는 듯 점잖은 다갈색……. 그리고 오늘, 날리는 오선지 속 춤추는 음표처럼 맑은 공기 속으로 흩날린다. 땅 위에 눕는 순간까지도 삶은 아름다운 것이었다고 몸짓으로 말하는 고귀한 잎들이여. 나는 너를 '어엽비'라 이름 짓는다.

오래 준비하였음이 틀림없다. 차갑고 상쾌한 바람이 찾아온 오늘, 드디어 군무는 시작되었다. 흠뻑 맞아도 젖지 않는 비, 오래 맞을수록 행복해지는 비, 추한 곳 젖은 자리 가리지 않고 살며시 가려주고 다독여주는 비, 바라만 봐도 마음을 편히 내려놓을 수 있는 아늑함까지 선사하는 알록달록한 낙엽 무리를 본다. 사람도 떠날 때에 저처럼 아름다울 수 있을까. 자신이 있는 곳이 어디든

저리 미쁘게 만드는 사람이라면 진정 아름다운 사람이라 할 수 있으련만.

돌절구에 걸터앉아 나도 무용수가 되어본다. 오른쪽으로 네 박자 뒹굴고, 왼쪽으로 살짝 몸을 젖히고, 뱅글 한 번 돌고, 잠시 멈추고……. 이 순간만큼은 몸치인 나도 가수 '비'처럼 멋진 동작이 가능하다. 술이 완전히 취하면 넘어져도 다치지 않는다더니, 무엇에나 완벽하게 취하면 평소에 하지 못하던 일도 거뜬히 할 수 있나 보다. 어여쁜 낙엽 비에 빙의되어 나도 낙엽처럼 자유롭다. 이 순간만큼은 효리가 부럽지 않다.

두 팔을 펴고 바람을 안았다. 일어나 낙엽처럼 한 바퀴 빙 돈다. 잔디에 내려앉은 낙엽을 손바닥에 수북이 얹고 공중에 날려도 본다. 장식 하나 없는 웃음이 터져 나온다. 내게도 단발머리 아이처럼 영혼이 자유롭던 시절이 있었지. 아무도 없는 줄 알았는데 부엌에서 인기척이 느껴진다. 격자문을 열고 할머니 한 분이 나오셨다. 하얀 고무신에 눈이 시리다. 객이 즐겁게 노니는 동안 모른 척해 준 그 마음에 부끄러운 눈인사를 건네었다. 그분이 뜰에 내려 두 손으로 낙엽을 받는다. 주름진 눈꼬리에 행복한 미소를 싣고서.

지난여름은 얼마나 팍팍했던가. 흙에서 피어난 부연 먼지만 움직이는 숨가쁜 저녁, 시든 풀잎을, 마른 나무둥치를, 갈라진 밭이랑을 깨우며 차가운 빗줄기가 쏟아지기 시작했다. 세상을 재정비하며 물줄기는 내가 되어 흘렀고, 지하로 스며들어 생명의 양식을 비축하였다. 어엽비가 감싸 안은 땅은 이제 휴식에 들 터이다. 서서히 퇴색되다가 삭아내려 땅속으로 스며들어 자신의 체온으로 토양을 살찌울 것이다. 봄비에 얼굴 내밀 생명을 생각하며 기꺼이 스러지는 어엽비의 낙하는 허무와는 거리가 멀다.

언젠가 삶이라는 기차에서 내려야 할 것이다. 초록을 밀어내고 붉은 카로티노이드 색소가 얼비치는 중년의 시점에서 나는 삶의 종착역을 생각한다. 정해진 길이의 무명 끈을 살아온 시간과 살아갈 시간으로 나눈다면 화살표는 이제 종점과 더 가깝나. 버킷리스트를 모두 행한 뒤에라야 더욱 다채로운 색깔로 물들 수 있으리라. 생의 후반도 잘 준비하고 단장할 일이다. 그리고 날을 잡아 깨끗하고 서늘한 바람을 타고 어엽비가 되어 세상에 내릴 수 있다면 좋지 않을까.

집으로 오는 길, 와이퍼에 고운 단풍잎 몇 개가 기념품처럼 걸려 있었다. 내 앨범으로 자리를 옮긴 뒤에 그것은 그리움의 곳간에서 어엽비를 불러내는 전령이 되었다.

새는 다시

소매에 바람이 인다. 어깨를 들썩이며 덩실덩실 우쭐거리고 머플러를 펼쳐 든 교수님이 발끝을 세우고 한 바퀴 돈다. 그가 일으키는 너울바람 속으로 새가 날아든다. 온갖 잡새가 날아든다. '새 중에는 봉황새에에에 만수 문전에 풍녀은새…….' 마이크를 잡은 김 작가는 구성지게 새들을 불러들이고 덩실덩실 돌아가는 교수님의 춤사위가 구슬프다. 오늘의 백댄서로 미리 준비된 작가들은 몇 번 팔을 휘감다가 동작이 작아지더니 그저 흔들거리기만 한다. 사실 춤을 즐기는 이라도 얼어붙은 관중들 앞에서는 쉽지 않은 일이리라.

뜻밖이었다. 수십 곡이 물망에 올랐는데 할머니 할아버지들이 좋아하실 만한 흥겨운 노래다 싶어 선정한 노래가 '새타령'이었다. 노래가 시작되면 으레 몇 분이 일어서서 함께 춤을 추실 거라 생각하였는데 춤은커녕 박수조차 힘이 없었다. 잡고 손뼉 쳐 주던 내 손을 놓자마자 할머니는 손을 툭 떨어뜨리고 말았다. 가슴

뼈가 어깃장을 놓는다. 무너져가는 빈집의 고방이 이럴까. 이제는 비어버려 역할을 잊었다는 듯 말라버린 우물처럼 검고 깊은 눈, 한때는 일렁이는 감정의 물결이 윤기 나게 흘러넘쳤을 공간, 먼지만 가득하여 시간이 정지되어 버렸다. 내 가슴이 덩달아 비어버릴 것만 같아 얼른 눈길을 돌렸다. 버림받아 떠돌다 새로운 집에 갇힌 후 희로애락은 사치가 되었나 보다. 치매라는 슬픈 이름은 이분들에게 불행의 시작이었을까. 아니면 다행한 처방이 되었을까.

교수님의 춤을 도와드리고 싶었다. 앞으로 슬그머니 자리를 옮겨 박수를 쳐 보았으나 막대 같은 내 몸은 움직여주지 않았다. 저 소쩍새가 울음 운다아. 우울어 울어 울어 울음 운다아. 고향에 계신 부모님을 생각하시는지 동작마다 정성이 깃든다. 그가 춤을 저리 잘 추었던가. 백댄서가 부족하다며 교수님의 등을 떠밀었던 나도 예상치 못했던 일이다. 제자들과 작가들 앞에서 한마디로 열심이다. 박수를 치며 함께 소쩍새를 불러대는 우리들의 입술에 찝찔한 눈물 맛이 감돈다. 하지만 관중의 호응은 영 시원찮다. 이 산으로 가면 소쩍 소쩍 저 산으로 가면……. 꺾어가며 감칠맛이 나게 불러대는 새 울음소리 뒤에서 나는 그의 속을 훑는 또 하나의 울음을 짐작해본다.

남해 바닷가 어촌마을, 교수님은 지금 그 바닷바람을 불러들이는 것 같다. 팔순의 아버님은 지금 비어버린 마늘밭에 계실까. 어머님은 갯가 방파제 지나 수평선 저 너머 어디를 보고 계실까. 칠 남매의 맏이가 지금 춤을 춥니다. 십 년 넘게 병고로 고생하신 아버지, 자식 수발 남편 병시중에 손발이 닳으신 어머니를 불러봅니다. 병상에서 자전소설을 쓰실 정도로 명석하셨던 아버지 덕분에 지금 제가 글을 씁니다. 홀어머니 슬하 삼대독자이셨던 아버지의 피지 못한 한을 풀어드리고 싶어서 박사가 되었지요. 제 어깨를 짓누르던 커다란 지게 짐을 부려놓고 가난을 벗어나리라, 부모님을 잘 모시리라 맹세한 지 어언 수십 년인데 아직도 날지 못하고 제 테두리 안에서 맴돌고 있습니다. 아하아 아히 이히 이히 이히이히이 좌우로 다녀 우울음 운다아. 자식들 모두 떠난 바닷가, 교수님의 고향 집엔 좌우로 다녀 울음 우는 갈매기 목쉰 소리만 요란하지 않을까. 나도 이히거리며 관중들을 살핀다.

열심히도 살았다. 이룬 것이 있어 기쁜 날도 많았다. 자식들의 성장을 보면서 고난이 힘들지 않았다. 녀석들 밥 먹이면 자신이 배가 불렀다. 노년에도 삶의 테두리 안에서 영원히 행복하리라 믿었건만 이제 조롱에 갇힌 새가 되어 소쩍새를 부른다. '소쩍, 소쩍' 자식을 부른다. 우리가 입을 모아 대신 불러드린다. 요양원 어르신들의 기억 속 어디엔가 파편의 모습으로라도 마지막까지 남아있을 법한 그리움을 대신 불러드린다. 어느 임금이 미행을 하다 보니 백발 노모 앞에서 노인이 재롱을 떨며 춤을 추더라는 삼국유사에 전하는 이야기가 생각난다. 노모에게 기쁨을 드린다는데 무엇을 주저하며 체면이 뭐 그리 중요할 것인가. 나도 학창시절 배웠던 아리랑 손동작을 기억해 내며 어색하게 팔을 휘감아 돌린다.

숙국 쑥국 쑥쑥꾹거리는 새 울음을 타고 교수님의 어머님이 날아오신다. 십 년쯤 전, 교수님이 제자들을 시골집으로 초대하신 적이 있다. 부모님은 마루에 잔치하듯 음식을 풍성하게 차려놓고 한 시간 전부터 차도에 나와 우리를 기다리고 계셨다. 양에 넘치게 맛있게 먹었던 것은 모두의 가슴에 빈자리가 컸기 때문이지 싶다. 다음 날, 삶의 중요한 고비마다 부모님의 기대를 저버렸던 아픔을 토해 놓은 교수님의 수필 속 두 주인공이 길가에 오래 서서 손을 흔들고 계셨다. 우리 차가 모퉁이 넘어 사라질 때까지.

세찬 해풍에도 아랑곳하지 않고 호미로 잊힌 세월의 아픔을 파고 있을 어머니, 그분의 굽은 손을 가슴에 품고 그가 어허둥실 잘도 돌아가고 있다. 저 꾀꼬리가 울음 우운다아. 어디로 가나 이쁜새 어디로 가나 귀여운 새. 제자들과 함께 온 이 자식이 미쁘셨겠지요. 하지만 오늘 꾀꼬리처럼 노래하지 못하고 오열할 따름인 것을. 산고곡심 무이인처 수렵비조 물새들이……. 마이크를 잡은 김 작가의 목소리가 높아진다. 얼어붙은 손으로 시금치밭으로 어판장으로 동분서주하셨던 어머니를 부르며 교수님이 곡조에 맞추어 흔들거린다. 얼마 전 수술을 하신 어머니를 직접 간호해드리지 못함을 슬퍼하는 모습을 보며 우리 모두 숙연해졌었다. 살풀이하듯 풀어내는 그의 손길이 가만히 가라앉는다. 그날의 탄식이 거센 해풍처럼 몰아치다가 파도에 비친 달빛처럼 잔잔하게 잦아들었다.

세상에서의 마지막 집이라 한다. 새처럼 날아들었던 고적한 바닷가 마을, 날아왔다면 날아갈 수도 있어야 할 터이건만 날개는 이제 나는 법을 잊었다. 요양원이 조용해졌다. 할머니, 할아버지들은 침대에 누워 무념의 시간 속으로 다시 들어가셨나 보다. 무대를 날아다니던 교수님의 날개도 동작을 멈추었다. 한바탕 한탄을 쏟아낸 그의 표정이 편안해 보인다. 움츠린 날개를 다시 펼 수 있을까. 새는 다시 날고 싶다.

탈탈탈

●
●
●
●
●
●

"탈탈탈탈……."

밤이 두려워졌다. 며칠 전부터 온 집이 캄캄해지고 잠이 들락 말락 할 무렵 어김없이 들려오는 소리가 있다. 오늘 밤에는 어떤 일이 있어도 무슨 소리인지 밝혀내고 말리라 마음먹었다. 아니나 다를까. 오늘도 어김없이 들리기 시작했다. 뭔가를 긁는 것 같기도 하고 가쁜 숨을 걸걸대며 몰아쉬는 것 같기도 한 그 소리. 일단 소리가 나는 방향을 찾아보려 했지만, 워낙 오묘한 소리라 알 수가 없다. 하는 수 없이 쓰지 않는 방부터 샅샅이 뒤시기로 했다. 캄캄한데 더듬거리는 것이 익숙하지 않아 하는 수 없이 불을 켰다. 한 번 살펴보고 불을 잠깐 껐다가 소리가 나는지 귀를 기울여 보고 다시 켰다. 까치발을 하고서 뒷방에 도착했을 때였다. 소리가 몇 번 나더니 뚝 그쳤다. 평소 쓰지 않는 가구만 단출하게 들어 있는 방이라 살펴볼 것도 별로 없는데 옷을 걸어놓은 행거에 눈길이 갔다. 옷들을 죽 미는 순간 다시 들리는 소리, "탈탈탈탈…."

남편과 나는 웃음을 터뜨리고 말았다. 참게 한 마리가 몸을 숨기느라 우왕좌왕 포복 중이다. “오호라, 요놈이었구나.” 열 개의 발로 난리를 치는 녀석을 집게손으로 등딱지를 잡아 제압하였다. 며칠 동안 이 녀석 때문에 전전긍긍한 것이 괘씸하기도 하였지만 일단 물속에 넣어주었다. 뽀그르르, 녀석이 기를 죽였다.

녀석이 우리 집에 온 지 일주일이 지났다. 놈은 지난주까지만 해도 졸졸거리는 물소리를 들으며 평온한 생활 속에 젖어있었으리라. 시댁이 있는 동네에는 큰 내가 있다. 그 내가 크고 작은 돌들이 골고루 흩어져 있으면서도 수량은 많지 않은 것은 아마도 가까이에 큰 산들이 있기 때문인 것 같다. 어린 시절 추억이 생각나서였는지 아니면 참게의 묘한 솔향을 맛보고 싶어서였는지 그것도 아니라면 천렵의 아슬아슬한 재미를 즐기고 싶어서였는지 의기투합한 형제들이 손전등을 들고 참게 잡이에 나섰다. 물통에 하나씩 불어나는 참게들을 보며 즐거워한 몫으로 나는 참게 몇 마리를 배당받았고 부산으로 데리고 왔다. 펄펄거리는 녀석들을 어찌할까. 일단은 움직임이 멈춰야 찌개를 할지 간장에 담글지 결정할 수 있을 것 같아 베란다에 그냥 두었다. 며칠 후 향기로운 참게찌개로 포식을 했고 그들을 잊었다.

녀석은 그새 수척해졌다. 먹을 것도 없는 옷 그늘에 숨어 마음고생이 오죽하였을까. 낯설고 물선 곳, 자신을 납치해 온 거대한 괴물들이 두런두런 종일 떠들어대는 곳, 주위에 아는 얼굴은 아무도 없고 고립되어 단지 숨쉬기만 허락되는 상황이 아닌가. 친구들과 같이 있던 곳을 왜 나왔나 후회스럽기도 하였을까. 하지만 그랬더라도 그곳을 다시 찾아 나서는 것은 너무 위험하고 또 쉽지 않은 일이었을 것이다.

툭 건드리다가 소스라치게 놀란다. 순식간에 덮쳐오는 그 속도는 녹슬지 않았다. 그 고생을 하고도 위용을 조금도 누그러뜨리지 않는 집게발 앞에서 내 손가락이 기가 팍 죽는다. 녀석은 물통에서 우연히 나왔다가 길을 잃은 것이 아니라는 확신이 든다. 그는 탈출을 한 것이다. 한 번도 경험해보지 않았지만, 녀석은 자신에게 닥친 위험을 본능적으로 느꼈던 것 같다. 물통 속에서 동료들과 엎치락뒤치락하며 괴로워하거나 잠잠히 체념해버리는 쉬운 길을 그는 거부했다. 목숨이 달린 중요한 문제 앞에 그는 망설이지 않았고 자꾸만 미끄러지는 발끝에 온몸의 정기를 모으고 물통 벽을 넘었다. 녀석은 진사다.

어릴 때부터 먹을거리를 두고 불쌍하다고 말하는 것이 아니라고 배웠다. 세상 만물의 생명은 존귀한 것이지만 먹이로 먹고 먹히는 것은 어쩔 수 없는 세상 이치이니 그렇게 가르치신 어머니의 말씀이 전적으로 옳은 듯싶다. 살이 빠졌다고는 해도 된장찌개에 맛내기 용으로 넣어보려고 등딱지를 잡아 올렸다가 그냥 내려놓았다. 왠지 함부로 해서는 안 될 것만 같았다. 미물이지만 목숨을 건 탈출을 이루어내고 일주일을 굶고도 아직도 사력을 다해

저항하는 녀석은 이미 먹을거리를 벗어난 대단한 존재라고 보아야 옳지 않을까.

1980년대에 나를 감동하게 했던 영화 '빠삐용'의 주인공은 목숨을 건 탈출을 통해 내게 무엇을 가르쳐 주었던가. 누명을 쓰고 감옥에 갇혀 그가 일구어낸 자신의 죄목은 '귀중한 인생을 낭비한 죄'였다. 의미심장한 그 대사에 얼마나 전율했던가. 자유로운 삶을 지향하는 그의 초월적인 의지와 극기의 노력에 박수를 보냈다. 처음 보았을 때 '빠삐용'이라는 인물을 감옥을 탈출하는 용감한 죄수로만 여겼다. 최근에 다시 그 영화를 보고 난 후 그가 고해라는 삶의 온갖 관문을 전투적으로 통과해가는 현대인의 대표주자가 아닐까 생각을 한다.

참게의 바람을 들어주고 싶었다. 하지만 녀석의 고향인 진해는 너무 멀고 가까이에서 그곳과 환경이 비슷한 곳을 찾기도 어려웠다. 온천천에 넣어줄까 생각해 보기도 했지만, 그도 할 수 없었다. 하천을 정화하기 위해 많은 노력을 했다고는 하지만 아직도 환경오염의 찌꺼기가 남아있지나 않을까 염려되었기 때문이다. 물에 담갔다가, 운동하라고 종이 상자에 담았다가 애지중지하며 기르는 수밖에 도리가 없었다.

며칠 뒤, 녀석은 갔다. 안망이 높고 혈기가 왕성하던 녀석은 더는 움직이지 않았다. 투지에 불타는 자유정신으로 똘똘 뭉친 녀석이 어찌 포획자의 애완동물 역할에 만족하며 목숨을 부지할 수 있었겠는가. 화단에 묻어 주었다. 지금쯤 흔적도 없이 분해되어 벚나무의 뿌리로 스며들었을 것이다. 녀석의 정신은 살아나 봄에는 화안한 꽃으로, 가을에는 붉은 단풍으로 그렇게 추구하던 자유를 누리고 있을까.

뒷방 행거는 치워버렸다. 하지만 어쩌다 그 장소를 지날 때면 아직도 녀석의 소리가 들릴 것 같아 가만히 귀를 기울여 본다.

"탈탈탈탈……."

오데사의 계단

거대한 설치작품 앞에서 발을 멈추었다. 계단이었다. 차곡차곡 쌓인 계단 곳곳에 쓰레기들이 자리하고 있었다. 기괴한 모습에 이끌려 구석구석 살피는데 작가의 의도 가까이 가기가 쉽지 않다. 이 너저분한 조형물이 전시작품이란 말이지. 비엔날레의 마지막 날, 가까스로 찾은 전시실에서 아침부터 서둘렀던 황망한 내 일정만큼이나 당황스러워한다. 내 감식안의 흐림을 탓하고 섰다가 안경을 닦고 다시금 감각의 현미경을 들이댄다.

계단에 널브러진 쓰레기들은 청소를 기다리는 중일까. 명상테이프들은 가장 낮은 층에서 버림받았구나. 쫓기는 심정으로 명상의 느긋함을 즐기지는 못하리라. 그 위층에는 놀이의 도구로 쓰이던 골프공들이 지금은 무기의 얼굴을 한 채 구겨져서 처박힌 융단 위에 군림하고 있다. 뜯긴 창문이 누운 위층을 본다. 벽에 보관된 권총이 소리 없이 염탐을 한다. 두세 개의 층에 걸쳐 아슬아슬하게 올라선 이동식 카트에는 대포알이 실린 채 지금이라도 굴러 내려올 채비를 하고 있다. 저 무서운 것이 수레에 실린 채 계단을 굴러 내려오면 어떻게 될까. 청소를 한다면 이틀은 해야 할 것 같은 모습이지만 비엔날레 작품이니 유심히 살핀다.

어디서 보았더라. 영화 『전함 포템킨』의 한 장면이 신경을 훑어 내린다. 계단에서 수레가 굴러 내려오는 장면이라면 이 계단은 〈오데사의 계단〉이라 이름 붙여도 될 법하다. 흑해에 위치한 오데사 항구의 노동자들이 짜르의 폭압에 대항하여 봉기하였다. 진압을 명령받은 해병들조차 노동자들에 동조하여 전함에서 반란을 일으켰다. 짜르의 군대가 진격하여 수천 명의 사람을 학살한다. 러시아 혁명의 단초가 된 이 사건이 오늘 이곳에서 새로운 옷을 입은 까닭은 무엇일까.

아기가 탄 유모차가 까마득한 계단을 굴러 내리는 모습을 상상하는 것은 형벌에 가까운 일이다. 아기를 태운 유모차가 구르다니. 그것도 살육의 현장에서 널브러진 시체들 가운데로……. 관객들의 입에서 비명이 터져 나왔으리라. 흑백영화의 이 가공할 장면은 오늘날까지 온갖 패러디의 대상으로 쓰이고 있다. 바퀴는 얼마나 견딜까. 아기가 느끼는 공포는 어느 정도일까. 몇 계단쯤 버틸 수 있을 것인가. 엄마는 비명을 지르고 있겠지. 어쩌다 손잡이를 놓쳤냐고! 실수였을까. 군인들의 총대 개머리판에 밀려서일까. 그리고 아기는 살 수 있을까?

작년 여름에 영화 연수를 받을 때 내가 주목한 것이 바로 이 장면이었다. 러시아 정부가 이 영화를 혁명의 선전도구로 이용했다거나 감독이 이용한 몽타주 기법이 영화사에 길이 남을 형식상의 혁명과도 같았다는 것이 영화학도도 아닌 내게 뭐 그리 중요하겠는가. 아기는 어찌 되었을까. 답은 알 수 없지만, 오직 그 생각으로 못내 찜찜하였다. 정당한 권리를 주장하다 죽은 이들 사이로 가속도가 붙으며 굴러 내려오는 유모차 속의 아기는 보존해야 할 가치에 대한 갈급한 호소로 보였으니. 패러디는 멋지지만 지금 이 작품 속 수레에는 아기 대신 폭탄이 실려 있다.

도슨트를 찾았다. 총칼로 국민을 제어했던 전직 권력자의 집을 수리하는 곳에서 작가가 가져온 쓰레기들이란다. 더 이상의 설명은 필요하지 않았다. 실명을 거론하지 말라는 교육을 받았다는 도슨트를 괴롭힐 일이 아니라는 생각이 들었다. 우리 역사 속의 피비린내 나는 한 장면이 떠올라 명치가 저릿하다. 다시 계단을 살핀다. 저 골프공들은 숨겨놓아야 한다. 저 권총은 총알을 빼놓아야 한다. 성질 급한 사람이 이성을 잃고 방아쇠를 당긴다면 그 불행을 어찌할까. 저 수레는 절대로 구르지 않게 고정해야 한다. 상상 속에서나마 역사를 몇십 년 전으로 돌려놓고 싶다.

더는 번쩍거리지 않는다. 한때는 번득이는 지휘봉으로 세상을 호령하던 그가 쌓은 계단이 민얼굴을 드러냈다. 추락한 계단은 역사의 증거물이 되었다. 아무리 닦아도 지울 수 없는 무서운 얼룩을 지닌 채 미술관 한가운데 자리 잡고 선 그의 계단은 수인이 된 것인가. 뉴스에서 본 것보다 훨씬 놀라운 전언들로 인해 공포에 떨었던 그 시절에 나는 무기력한 소시민이었다. 겨우 분노의 말 몇 마디로 내게 닥치지 않은 불행을 다행스러워했던 기억이 떠올라 이 계단 앞을 쉬이 떠나지 못한다. 권력의 휘장 안에서는 사람들의 입에 마스크를 씌울 수 있다 하여도 세월이 기억하는 그의 이름 '오데사의 계단'은 결코 얻고 싶지 않을 새로운 생명을 얻고 만다.

바벨탑이 향하던 곳, 교회의 첨탑이 오르고자 하던 곳, 위만 바라보고 사는 사람들이 늑세하는 세상에서 숨을 곳은 없다. 권력자는 계단을 오를 때마다 점령군처럼 의기양양하게 아래를 내려다본다. 넝마들이 널브러진 계단에 서서 그는 다시 발을 옮긴다. 점점 더 위의 계단을 향해……. 꼭대기의 깃발이 신이 되어 손을 흔들고 그 손을 잡으려 발버둥 친다. 제 발아래 뒹구는 쓰레기들이 무엇을 말하는지 알지 못한 채 그는 점점 아래로부터 멀어졌다. 작품 '오데사의 계단' 맨 위층에서 이제는 굳어 쓸모없어진 허영의 빈껍데기들을 본다. 굳어버린 석고 덩이가 납빛을 띤다.

계단의 신음소리를 듣는다. 주인의 쇠사슬을 대신 진 '오데사의 계단'은 세상 사람들의 눈총이 두려운 것만 같다. 넝마가 되어 너덜대는 주인의 삶, 그 흔적을 말끔히 지울 수는 없겠지. 수레바퀴를 구르지 않게 꼭 붙잡고 있는 계단이 안쓰러워 카메라 속에 고정했다.

두 개의 눈

눈을 감는다. 느리고 투명한 피아노 선율 따라 눈물이 흘러내린다.

"사람에게 눈이 두 개 있는 이유를 아시는지요?"

류웨이가 높은 의자에 앉아 피아노를 연주한다. 발을 건반 위에 올리고 천천히 감정을 고조시켜나간다. 섬세하고 부드러운 선율이 투명한 아름다움을 건지고, 오선 위에 붙박여 있던 음표들이 공중으로 경쾌하게 튀어 오른다. 청중은 숨소리도 내지 않고 꿈을 낚는다.

강호동이 재기하였다기에 오랜만에 텔레비전 프로그램 '스타킹'을 보는 중이었다. 사회자의 걸쭉한 소개 끝에 화려한 배경음악이 마중을 나갔다. 입구에서 중국의 한 젊은이가 허청허청 걸어 나오는데, 패널들의 입에서 탄식이 흘러나왔다. 열 살 때 숨바꼭질을 하다가 고압전선을 건드려 두 팔을 잃었다는 청년의 말에 힘없이 흔들거리는 그의 옷소매가 더욱 가늘어 보인다. 내 아들 또래 청년의 불행 앞에 내 마음 한구석도 무너져 내렸다.

아무도 자신의 질문에 답하지 못하자 그가 말했다.

"하나는 행복과 기쁨을 보는 눈입니다. 다른 하나는 불행과 슬픔을 보는 눈이지요. 어느 쪽을 선택하느냐에 따라 삶이 달라집니다. 저는 행복과 기쁨을 보는 눈을 선택하였습니다."

사람들이 기립박수를 퍼부었다. 나도 소파에서 일어서서 박수를 치는데 청년의 감사하단 인사를 받으며 왠지 부끄러워졌다. 청년보다 두 배가 넘는 세월을 살아오면서 나는 무엇을 하였던가. 고통을 통해 성숙해진 그의 인생관은 부드러운 문장 속에 담겼으나 일상의 불평에 절여졌던 내겐 온몸을 관통하는 날카로운 화살이 되었다.

두 개의 눈에 대한 류웨이의 질문에 답을 찾지 못했던 사람들 모두 고개를 끄덕였다. 그의 말에 동의하고 선택을 해야 한다면 모두들 행복과 기쁨을 보는 눈으로 세상을 보고 싶다고 할 터이지. 나도 당연히 그 뿌듯한 눈을 선택할 것이다. 하지만 오랜 세월 동안 내가 간절히 원하면서도 포기하거나 방임해버렸던 것들이 내게 조소를 보낸다. 자신 있느냐고. 사실 자신이 없다. 류웨이를 보며 흘린 내 눈물의 의미가 그런 것이었을까. 불행과 슬픔을 보는 눈을 함께 선택하고 말았던 나의 의지가 아쉬워 흘린 눈물이라면 그 반짝임이 헛되지 않다는 생각을 해본다. 느슨한 신발 끈을 그대로 둔 채 신발이 낡은 것만 탓하고 있는 게 요즘의 내 모습이었다. 하고 싶은 것이 있다면 '바로 하면 된다.'라는 그의 말은 나의 뒤통수를 후려치는 죽비소리였다.

류웨이가 이끄는 대로 사람들의 감정이 움직여 나간다. 발뒤꿈치까지 들고서 짧은 발가락을 움직이며 연주하는 그에게 피아노 여든여덟 건반은 얼마나 광활할까. 그는 열아홉에 피아노를 시작하여 매일 일곱 시간씩 연습하였고, 마침내 십삼억 인구를 자랑하는 중국의 최고 오디션 프로그램에서 최종 우승을 하였다. 이제는 작곡까지 한다는 그 앞에서 나를 돌아본다. 내가 걷는 것 말고 발로 할 수 있는 일이 있기나 한가. 발가락을 까딱거려보지만, 건반 하나 온전히 소리내기도 힘들 게 뻔하다. 발가락이 아니라 남들보다 긴 손가락을 가지고서도 나는 피아노 소곡을 두드리다가 포기한 전력이 있다. 악기 연주나 운동이나 한두 달 배우다 그만둔 일들이 줄줄이 떠오른다. 자신을 이겨낸다는 것은 참으로 쉬운 일이 아니었다.

행복과 기쁨을 보는 눈을 선택하였다지만 좌절과 비탄의 시간이 얼마나 매웠을까. 젓가락질을 익히는 데 두 달이 걸렸다고 한다. 발가락으로 젓가락을 잡는 것도 어려운 일이거늘 음식을 집어 올려 먹는다는 것은 상상하기도 어려운데……. 발로 글자를 모양 잡아 쓸 수 있게 되기까지 육 개월이 걸렸지만, 남들이 불가능하다고 말하는 것들을 그는 하나씩 가능한 것으로 만들어나갔다. 그는 장애인 타자속도 기네스 기록 보유자이며 전국 장애인 수영대회 금메달리스트이다. 운전이며 옷 입기 등 모든 생활 활동을 스스로 한다. 손으로 하는 모든 일을 발로 대신할 수 있을 때까지 그가 흘린 땀방울 속에 눈물방울이 어찌 없었으랴. "너는 남과 다르지 않다."라는 부모님의 격려를 혼신으로 증명하고자 한 그의 노력이 아파 나는 차라리 눈을 감는다.

꿈이나 희망보다 좌절을 더 자주 볼 수 있는 세상이다. 듣지 않으려 노력해도 퍼런 멍 자국이 가득한 가슴들이 너무 많은 세상이다. 부모에게 얹혀사는 청춘들, 고난을 이기기보다는 추락을 선택하는 사람들, 유학이며 결혼이며 주택 마련이며, 결혼 생활, 육아 게다가 사업자금까지도 부모에게 의지하는 것을 당연하게 생각하는 젊은이들, 사소한 일까지 부모에게 결정해 주기를 요구하는 자식들이 넘쳐난다. 오죽하면 과외로 자란 아이가 신혼여행 가서 첫날밤에 어떻게 해야 하느냐고 엄마에게 전화를 걸었다는 우스개까지 있을까. 고통에 대한 면역이 부족한 사람들의 아우성이 신문에 뉴스에 온 동네에 넘쳐난다. 류웨이는 그들의 머리 위에 신선한 느낌표를 흩뿌렸다.

강호동이 두 손으로 공손하게 그의 발을 쓰다듬는다. "만지는 것만으로도 영광입니다." 굳은살이 겹겹이 박여있는 거친 류웨이의 발을 쓰다듬는 그도 천하장사의 대업을 이루고 이제는 방송계에서 성공한 사회자가 아닌가. 그가 영광이란 표현을 쓰는데 소심한 내가 류웨이의 발을 만질 수 있다면 뭐라고 말하여야 할까. 자신의 발에 꿈을 실은 아름다운 청년, 류웨이. 그가 던진 느낌표를 두 손으로 받는다.

탱자꽃

참, 서러운 꽃이다. 얼마 만인가. 마음먹고 찾아 나신 것도 아닌데 우연히 만난 탱자나무 덤불이 반가워 코끝이 시큰하였다. 조랑조랑 달린 꽃봉오리들이 안쓰러웠다. 푸른 기운이 도는 흰색을 보면 괜히 마음이 짠해지는데 눈물방울처럼 맺힌 하얀 꽃잎이 얇아서 더 서러웠다.

내가 다녔던 남해초등학교에는 탱자나무 울타리가 있었다. 나보다 두 배나 큰 키를 자랑하는 그 울타리가 얼마나 우람하였던지 소심한 나는 감히 다가갈 엄두를 못 내었다. 간혹 사내아이들이 개구멍을 들락거리기도 하고 가을에는 손가락으로 가시 줄기를 조심스레 벌려 노란 탱자를 따내기도 하였지만 나는 그런 즐거움을 느끼기는커녕 사나운 가시의 위용에 질려 멀찍이서 경계할 따름이었다. 겨울이 되면 탱자나무 줄기와 가시들이 여위고 비틀린 모습으로 공중을 향해 삿대질을 해대는 것만 같았으니. 어쩌다 생각 없이 눈길을 보내면 그것들이 내게 온갖 불평을 늘어놓는 것 같아 절로 마음이 신산해지고 멀리 있는 봄이 기다려지기도 하였다.

내가 탱자나무 곁으로 발걸음을 하는 때는 꽃이 필 때였다. 머리가 띵하도록 씁쓰레한 신맛에 진저리치던 기억을 잊을 만하면 봄이 왔다. 죽은 듯 말라 있던 가시 돋친 몸에 초록 물을 돌리고 희푸른 꽃망울이 몽울거리기 시작하였다. 창창한 가시 방진 속에서 목을 쭉 빼고 나름의 자리를 차지하려 애쓰는 작은 꽃봉오리들은 얼마나 위태로워 보였는지. 순수한 하얀 색에 이끌려 부드러운 꽃잎을 살짝 건드려보기도 하였지만, 걱정이 앞섰다. 벌이나 나비가 들락거리다 얇은 꽃잎을 다치게 하지나 않을까. 꽃잎이 방향을 제대로 잡지 못해 봉오리가 피다가 가시에 꽂히는 것은 아닐까. 어린 마음을 흔들었던 근심이 서러움의 정서가 되었나 보다.

그 서러운 꽃을 며칠 전 하늘에서 보았다. 축제의 기쁨을 뿜어내는 축포 소리에 이어 불꽃이 하늘을 수놓았다. 팡팡 터지는 하얀 불꽃 하나하나에 창백한 어린이들의 수심에 찬 얼굴이 들어있었다. 담도 제대로 없는 창고 같은 공장의 마당에서 폭죽을 만들고 있는 아이들의 모습이 떠올라 한숨이 나왔다. 가시에 둘러싸여 그 가시의 겨드랑이에서 조심조심 얼굴을 내미는 연약한 꽃봉오리들이 떨고 있었다. 빚에 묶여 폭죽을 빚고 있는 어린 담보노동자들의 기막힌 삶이 며칠 전 텔레비전에서 울고 있었다.

인도 폭죽산업의 중심지인 시바카시의 밤은 화려하다. 이곳에서는 생산된 폭죽을 실험하느라 밤마다 불꽃축제가 벌어진다. 폭죽이 터지는 동안 밤하늘은 화려하기 그지없지만, 불꽃이 스러지고 나면 어둠은 더욱 깊어진다. 그 어둠 속에 열네 살 치트라와 수많은 십 대 아이들이 있었다. 치트라는 열 살 때 폭죽 공장에서 일하다가 폭발사고로 전신화상을 입었다. 피부가 오그라들어 이마와 눈을 제외하고는 성한 데가 없다. 마디가 불분명해진 손은 턱밑까지 오그려 붙었다. 혼자서는 일어설 수도 없다. 온몸을 담요로 가리고 눈만 내놓은 채 아이는 세상과 격리되어 있다. "얼른 나아서 부모님 빚을 갚아드리고 싶다."라는 아이의 말에 통역은 울어버리고 말았다고 한다. 아이의 푸른 기운이 도는 눈빛이 맑았다.

그 아이들은 탱자꽃이었다. 어른들이 촘촘히 엮어놓은 감옥에 갇혀 가시 울타리 틈새를 뚫고 간신히 굽은 꽃줄기를 내밀어 존재를 말하는 삶이 힘겨운 탱자꽃이었다. 학교도, 놀이도, 하고 싶은 일도 거부당한 채 노동의 현장에 갇혀버린 어린아이들이 가질 수 있는 꿈은 무엇이 있을까. 가을이 되면 꽃 떨어진 서러운 자리에 동그란 탱자 여물 듯, 세월이 가면 아이들도 어른이 되고 나름대로 삶을 꾸리겠지만, 담보노동을 하며 익힌 열매가 어찌 귤의 꿈을 꿀 수 있을까. 같은 씨앗이라도 강의 남쪽에다 심으면 귤이 되지만, 그것을 북쪽에 옮겨 심으면 탱자가 되어 버린다는 고사도 있지 않은가. 꽃부터 시들어버린 치트라의 탱자는 어찌 여물어질지 아득할 따름이다. 조금의 방심도 허락하지 않는 팍팍한 삶의 한가운데서 아이들은 탈출구를 찾을 수 없을 것만 같다.

힘들게 찾아간 모교에 탱자 울은 없었다. 몇십 년을 버틴 가시울타리는 걷히고 밖에서도 운동장을 볼 수 있는 나지막한 서양형 펜스가 자리 잡고 있었다. 하얀 색깔이 산뜻하였으나 내 눈은 그 자리에서 옛날의 가시 울을 불러낸다. 울타리가 사라졌다고 서러움의 정서까지 없어지는 것은 아닌가 보다. 레이스처럼 아련한 탱자꽃 향기가 어쩌면 내 마음에 두꺼운 그늘을 드리웠는지도 모르겠다.

탱자꽃이 사나운 가시 울 속에서도 나름의 열매를 맺을 수 있는 것은 진한 향기 덕분이다. 향기가 그렇게 곱지 않았다면 벌도 나비도 위험을 무릅쓰고 찾아들지는 않았을 터이지. 코를 킁킁대며 동그란 주머니처럼 닫힌 꽃봉오리를 벌려보기도 하고 춤추듯 벌어진 꽃잎을 따서 소꿉놀이를 하던 아이들이 어른이 되었다. 서러움이든 그리움이든 그들의 마음은 탱자꽃을 향해 열려있을 것 같은데……. 자신보다 어머니의 건강을 염려하고 하루의 끼니를 걱정하는 그 아이들의 눈물겨운 마음은 탱자꽃보다 향기롭다. 현실의 날선 가시 울타리를 걷어내고 고운 향기를 지켜주는 일이 어른들이 해야 할 일이건만 어른들의 마음은 아직 한겨울 가시덤불이다.

한순간 반짝이고 더 깊은 어둠을 몰고 오는 줄 알면서도 그것이 그 아이들의 식사가 되는 것이 아니냐며 애써 나서기를 부인하거나 어쩔 수 없는 남의 나라 이야기가 아니냐며 시선을 거두려다가 멈칫 놀라고 말았다. 사나운 가시 울타리를 엮고 있는 게 내 모습이구나 싶어서다. 열 살 남짓 아이들의 눈물을 밟고 즐기는 불꽃놀이, 세상은 부끄럽기만 하다. 불꽃 터질 때 아이들의 울음 또한 터지는 것을…….

사람들은 불꽃놀이에 열광한다. 환한 빛에만 눈길을 두고 어둠은 짐짓 몰라라 한다. 눈에 보이는 것에만 마음을 두고, 보이지 않는다고 곪은 부위를 모른 체 해서야 어찌 낫기를 기대할 수 있으랴. 아이들이다. 가시에 포위된 탱자꽃이나 탱자가 되어서는 안 될 연약한 아이들이다. 탱자꽃의 향기를 즐기고 탱자를 굴리며 노는 평범한 기쁨을 알아야 할 소중한 아이들이다.

올해도 불꽃축제가 열리겠지. 한때는 나도 불꽃에 홀려 사진 촬영을 하느라 바삐 돌아가기도 하였다. 그 불꽃 뒤에 드리워지는 떨어진 탱자처럼 빠르게 시들어가는 아이들의 영상을 어찌 지울 수 있을까. 이제 찬란한 불똥 속에서 내 꿈을 그리기는 어려울 것 같다.

샤갈, 날개를 부탁해

홍시

아들 녀석이 매직펜으로 장난을 쳤나보다. 홍시가 웃고 있다. 눈, 코, 입이 드러나고 웃음 띤 모습으로 홍시가 살아났다. 웃고 있는 홍시에 세월의 깊이를 주느라 나도 홍시의 이마에 주름살을 두어 줄 보태었다. 만지기가 조심스러울 정도로 농익은 홍시를 엄마가 왜 책상 위에 두고서 보기만 하는지 아이는 궁금한 눈치였다. 내가 홍시를 보며 그리워하는 사람이 있다는 것을 어떻게 알았을까.

받은기침을 죽이며 아버님이 나를 광으로 데리고 가셨다. 큰 오지항아리를 열고 비닐 가방에 차곡차곡 홍시를 담으셨다. 허리를 깊이 숙여 꺼내시는 품을 보니 남은 양이 많지 않으리라 생각되었다. 축 늘어진 비닐 가방을 양손에 들고 아버님이 먼저 대문을 나서시기에 황급히 받아들려고 하였지만, 그저 앞장서라며 손사래만 치신다. 성정이 급하고 곧던 예전의 꼿꼿한 모습은 어디로 간 것일까. 돌부리를 차는 내 발소리가 유난히 마음에 거슬렸다.

동네 어귀 다리끝에 와서야 비로소 비닐 가방을 손에 쥐어주시며 내 얼굴을 가만히 들여다보셨다. 아버님의 초췌한 눈자위 근처에 번진 물 얼룩을 감히 마주 볼 수 없어 황급히 시선을 땅으로 떨어뜨렸다. 아버님의 하얀 고무신에 눈이 시렸다. 차갑고도 서러운 색깔 때문에 코끝이 시큰하였다.

한참을 걸어 내려오다 뒤돌아보니 아버님은 다리 곁 고목 아래에 그 모습 그대로 위태하게 서 계셨다. 몸을 되돌려 뛰기 시작했다. 양팔에 달린 홍시가 든 가방이 출렁거렸다. 뒤뚱이며 온 길을 되돌아가 아버님 앞에 섰다. "다음 주에 또 올게요. 추운데 빨리 들어가세요." 내 속을 돌아 나오는 낮은 목소리의 울림이 낯설었다. 목도리를 풀어 어깨에 둘러드리려 했지만, 기어이 내게 다시 감아주셨다. 암세포와의 힘든 싸움으로 체력이 한계에 다다른 노인의 외로움이 부옇게 길을 가려 구름 위를 걷는 듯 발걸음이 겉돌았다. 황량한 겨울 들판에 마르고 언 풀줄기가 서러워 오는 내내 차창에 눈물로 일기를 썼다.

갓 결혼한 우리는 맞벌이를 하는 주말부부였다. 주 중에는 편지를 쓰거나 모인 편지를 다시 읽으며 그리움을 달래었다. 서울과 부산에 떨어져서 토요일만 기다리며 사는 나날이었지만 일 때문에 그가 내려오지 못하는 주말이면 나는 혼자 시외버스에 몸을 싣고 시댁으로 갔다. 키다리 수탉이 볏을 세우고 따라다니면 종종걸음을 치며 피할 곳을 찾는 시원찮은 며느리를 아버님은 늘 따뜻하게 대해 주셨지만, 동구 밖을 지나치는 택시 소리라도 들릴라치면 나는 담장 너머로 길게 목을 빼곤 하였다. 택시는 내게 눈도 팔지 않고 윗마을로 직행해 버렸다. 택시를 보고 돌아서는 내 어깨가 축 처졌다. "아버님이 편찮으시지만 않으셨더라도 서울행 기차에 몸을 실었을 텐데. 얼굴만 보고 내려와도 되는데……." 혼잣말을 하며 철없는 마음을 들킬까 봐 스물넷 어린 며느리는 얼굴이 붉어졌다.

감히 소리 내어 말하고 싶지 않은 낱말이 있다. 그중의 하나가 '아버지'라는 낱말인데 친정아버지를 일찍 통곡으로 보낸 후 비어있는 마음자리를 그냥 비워두었다. 내 생각 속에서 사시는 아버지가 도망이라도 가실까 봐 아버지에 대한 추억조차 말하기를 꺼려하였다. "아버지"라고 가만히 말해보면 빈방에 찬바람 스미듯 소름이 돋는다. 드러내놓지 않아야 추억이라도 온전하게 내 것이 될 것 같은 뿌리 깊은 고독이 내게 최면을 걸었나 보다. 어쩌다 그 낱말을 꼭 말해야 할 때는 한 음운마다 또박또박 정성을 실어 발음한다. 오늘 밤 텔레비전 다큐멘터리 속에서 그리운 아버지를 떠올렸다.

화면에 한 노인이 활짝 웃고 있다. 칠순 정도로 보이는 백 살 노인의 정갈한 모습이 인상적이다. 세계의 장수 지역 가운데 하나인 위구르 지역의 생활 모습과 말하는 투가 우리나라 사람과 무척 흡사하다. 책상 위의 홍시를 집어 들었다. 주름진 홍시가 웃고 있다. 위구르 노인과 아버님의 모습이 덧씌워진다.

"남자들도 돌아가신 부모님 생각에 눈물짓는 일이 있나요?"

"삶과 죽음은 다르지 않아. 다른 집으로 이사 가는 것과 같을 거야."

야속하게 말을 자르고 슬그머니 방으로 들어가 버리는 그의 뒷모습이 작아 보인다. 그도 오늘 밤 나처럼 뒤척이게 될까.

먹물같이 까만 겨울밤, 시골집 불 켜진 창호에 두 사람의 그림자가 정겹다. 나직나직 살아온 이야기를 들려주는 노인과 졸고 있는 어린 며느리, 함지에서 모양 좋은 홍시를 골라 껍질 벗겨 건네주는 노인의 거친 손등이 보인다. 갈매기 같은 눈과 쪽배 같은 입이 그려진 책상 위의 홍시 하나를 들여다보며 조곤조곤 밤을 밝히던 그분의 정겨운 음성을 듣는다. 한겨울 찬바람 속에 초췌한 모습으로 서서 떠나는 며느리의 뒷모습을 하염없이 지키시던 슬픈 눈길을 본다. 아버님의 상여 뒤를 따르던 우리들의 붉은 울음과 회색 발자국을 기억한다.

앞뜰을 지나는 바람이 생각을 자른다. 그믐달이 창백하게 내려다본다. 조홍감이 고와 품어가도 반길 이 없어 서럽다던 노계 선생의 가슴앓이가 중년을 지나서 이렇게도 진하게 찾아옴은 얼마나 어리석은 일일까. 세월이 흘러 내가 거두어야 할 이들이 많이 생기면 인생에 더 당당해질 수 있으리라 여겼는데 그럴수록 기댈 언덕이 더욱 절실하다.

이젠 내가 아들아이를 떠나보낸다. 아이와 큰 가방을 기차에 실어 보내고 혼자 역을 되돌아 나올 때 '이제 저 애를 보내는구나.' 싶었다. 다 자란 아이는 제 앞길을 찾아 떠나야 하고, 나의 역할은 먼 데서 아들을 지켜보아 주는 것이겠지만 기차가 눈앞에 보이지 않을 때까지 그 자리에서 발이 떨어지지 않았다.

나를 보내는 순간부터 아버님은 다음 주말을 기다리지 않으셨을까. 가슴에 휑하니 매운바람이 인다. 생각이 꼬리를 무는데 어디서 들리는 소리일까.

"들어가서 더 자거라."

아, 새색시 적에 조심하느라 새벽같이 일어나 밖으로 나간 나에게 아버님이 우리 방 아궁이에 군불을 때시며 하셨던 말씀이다. 입 밖에 내지 않아도 '아버님'이란 낱말은 늘 입술에 맴돌고, 어느새 남편의 눈언저리에 자리 잡은 굵은 주름 사이에서 아버님은 아직도 나를 지켜보신다.

A Persimmon

Translated by Cho, Su-jin

Written by Song, Myeong-hwa

My son must have played with a persimmon using his marker pen. The persimmon is smiling. It comes to life with its eyes, nose and mouth. I have added one or two wrinkles to the smiling persimmon in order to give a depth of the years. He seemed to be curious about why his mother left a persimmon on a desk, a persimmon until it becomes so ripe that no one dares touch it. Did he somehow sense that there was someone whom I missed as I looked at the it?

My father–in–law took me to the storage room, as he tried to stifle his shallow, frequent cough. He opened a clay pot and put the persimmons neatly in a plastic bag. Judging from his stooped posture, I thought that there were not many of them left. I hurriedly tried to take the bag when I saw my father–in–

law heading out to the gate holding the sagging bag in both hands, but he waved his hands and motioned me to go first. Where did his former impatient, upright self go? The sound of my feet hitting against the stones particularly got on my nerves. Gazing on my face, he handed me the plastic bag only when he reached the end of the bridge after a long walk. I could not dare look at the water stains around his sunken eyes, so I hastily put down my gaze towards the ground. I could not have enough courage to look at the white rubber shoes that he was wearing. My nose tingled as I looked at the colors so cold and sad.

When I looked back after walking down some distance, my father-in-law was still standing precariously on an old tree next to the bridge. I turned back and started to run. Bag of persimmon on my arms rolled to and fro as I did so. With faltering steps, I walked back and stood in front of him. 'I will be back next week. It's cold. Please get inside.' Ring in my low voice as it came out of my body sounded alien. I tried to take my muffler off and wrap it around his shoulders, but he insisted that I wear it, wrapping it around my shoulders once more. With my path obscured by the loneliness of an old man whose strength came to a limit with a tough battle against the cancer cells, I felt as if I were stepping on the nothingness, as when one walks on a cloud. I wet the car windows with my tears as I returned home because the dry and frozen blades of grass on a barren winter field looked so sad.

Just married, we were a weekend couple, both of us working. In those days, we were separated – one in Busan and one in Seoul – waiting for the weekend when we would be together again, but in those weekends when he could not return to Busan because of work, I got on an outbound bus and went to my in-laws alone. Although my father-in-law treated me – an unsatisfactory daughter-in-law who were looking for somewhere to run away every time a tall rooster followed me around with the combs standing on its head, warmly – I have stretched my neck over the wall whenever I heard a taxi passing by an outskirt of a village. It headed straight to the upper village without casting even a single glance. My shoulders drooped as I turned away from the taxi. "Had my father-in-law been not ill, I would have taken a train to Seoul, I could have just left after saying hello……" A young, twenty–four–year–old daughter–in–law blushed, afraid that someone might see through her childishness.

There are words that I dare not say aloud. One of them is 'father,' a void that remained ever since my father passed away when I was a child. I avoided speaking even a word about the times I spent with my father, lest my father who still lives in my thoughts might run away. Shivers run down my spine when I say the word "father," as if the cold wind were blowing through an empty room. Bottomless solitude, which makes me feel that only hiding my loss would allow me to keep –at least– the memories of him to myself, must have put a spell on me. When I have to say the word, I pronounce each syllable with care. I thought of my dear father as I watch a documentary program on television tonight.

On a screen is an old man with a wide grin on his face. I am impressed by a sight of a clean and neat hundred–year–old man who only seems to be seventy. Ways that the Uyghurs live and speak look very similar to ours. I pick up a ripe persimmon from the desk. A wrinkled persimmon is smiling. The face of my father-in-law overlaps onto that of an old Uyghur man.

"Do men weep too when they think about their dead parents?"

"Life and death are no different. It must be like moving to a different place."

His back, as he silently goes back to the room after -rather unkindly- cutting me off in the middle of a sentence, seems small. Tonight, would he be tossing and turning like me in sleep?

On a night as black as ink, shadows of two people are projected on the lighted doors. I see an old man who tells the story of his life in a low, quiet voice, a young daughter-in-law who is dozing off, and a rough hand of an old man who is taking out a good-looking persimmon from a wooden dish. As I look at a persimmon on a desk with the eyes like a seagull and a mouth like a small boat, and I hear a warm voice that quietly lit up the night. I see his wasted frame, exposed to the midwinter cold, his sorrowful gaze fixed to the back of his daughter-in law as she was leaving. I remember our red tears and grey steps as we followed his hearse.

My thought is cut off by the wind moving through the front garden. An old, pale–faced moon is gazing down at me. How foolish it is to be feel with such intensity a kind of heartache that a poet Nogye – Park In–ro – talks about in his poem, in which he laments that there is no one to welcome him back, when he enters the house holding good–looking persimmons in his arms. I used to think that I could stand tall in the face when I – with the passage of time – have more people to take care of but, on the contrary, I feel more and more strongly that I need a place that I could lean on as I grow older.

Now it is I who have to say goodbye to my son. I thought 'Now I am really sending him away,' as I left the station alone after the train had carried my son and his luggage away. Child who has grown up must leave and find his way in the world, and my role as a parent would be to watch him from afar, but my feet remained glued to the platform until the train had disappeared out of my sight.

Wouldn't my father-in-law have waited for the next weekend from the moment he saw me off at the gate? Cold wind blows through me. One thought after another passes through my head. where does the sound come from?

"Get inside and have more sleep."

Ah, that was what my father-in-law said to me as he was lighting the fire to the stove when I, young and overly cautious, woke up at the break of dawn and went outside. The word 'father-in-law' lingers on my lips even when I do not say it out loud, and in between the wrinkles that settled around my husband's eyes, he is still watching me.

텃밭

출근길에 매일같이 들르는 밭이 있다. 경보하듯 비딱거리는 바쁜 아침 시간이지만 그곳에만 가면 채소를 살피느라 멀리 보이는 횡단보도의 푸른 신호를 서너 번이나 그냥 보내곤 한다. 교육대학 뜰을 장악한 멋진 관상수에 비할까만 일년초 여린 식물이 일으키는 애틋함은 건조한 정서를 어루만지는 윤활유가 된다. 얼마나 자랐을까. 벌레 먹지는 않았을까. 긴 가뭄 뒤에 비까지 내리니 지난 월요일 아침, 집을 나서는 마음가짐이 남달랐다.

서둘러 우산을 폈다. 빗방울이 발등을 튕기고는 앞장을 섰다. 아침마다 내 발길을 부여잡는 손길을 떠올리니 교대 교정을 통과하는 시간이 길게만 느껴진다. 헉헉대던 나무들이 마침내 심호흡을 하고 해갈을 한다. 폭염에 잎 가장자리가 도르르 감겨버린 벚나무 잎이 말갛게 씻기고, 습기를 머금은 소나무 보굿은 온몸을 느긋하게 편다. 등교하는 부속초등학교 아이들이 모차르트 음악에 맞춰 우산을 흔들어댄다. 공기도 생기가 넘치는 오늘 아침 내 벗들은 얼마나 싱싱해졌을까. 밭 옆 자장면 집 주인이나 그 옆 빌라에 사는 할머니가 심었을 것이라 짐작해 보지만 그건 별로 중요하지 않다. 올여름부터 지금까지 나는 아침저녁으로 눈도장을 찍고 그들의 성장을 격려해왔던 터였다. 교대 뒷문을 벗어나자 발길을 재촉했다.

어디로 갔을까. 교대 테니스장 바깥쪽 담벼락을 따라 폭이 너덧 뼘 되는 빈 땅을 차지하고 살던 채소들은 무슨 일을 당한 것일까. 담장 위쪽으로 이어진 쇠 그물에 마른 호박 줄기 몇 올만 흐느적거릴 뿐 무도, 배추도, 방아도, 키 큰 명아주도 흔적 없이 사라졌다. 대신 그 자리에 빼곡히 자리 잡은 꽃댕강나무들이 겸연쩍게 나를 본다. 플래카드 걸이가 설치된 부분까지 합쳐서 십 미터 정도 되는 길이의 땅이니 제법 수십 포기의 작물이 자라고 있었는데, 행정기관에서 그것들을 빼내고 조경수를 심은 모양이다. 그들은 내가 뽑아서 김치를 담글 재료가 아니었다. 그저 볼 때마다 부족하나마 정성스런 눈길을 주는 벗이었다고나 할까.

씨앗 한 톨에는 우주가 들어있다는 말이 있다. 씨앗 하나가 땅에 심겼다. 터 잡은 작은 구역을 등기하고 뿌리를 내어 터전을 일군다. 보드라운 싹이 단단한 땅을 뚫고 세상으로 나와 공기와 햇빛과 물을 한껏 받아들여 나날이 잎을 키우고 꽃을 피우고 열매를 맺는다. 세상에 쓰이고 다시 씨앗을 품어 세대를 이어갈 수 있기를 기원하며 지켜온 삶이 아닌가. 내 벗들이 성숙해질 때까지 조금 더 기다려주었으면 좋지 않았을까. 속이 꽉 찬 배추가 되고, 굵은 무가 되고, 보랏빛 방아꽃이 씨앗을 단단하게 갈무리하도록 시간을 줄 수는 없었을까. 식물의 처지에서 보면 인간의 토지소유권이란 참으로 허무맹랑한 공수표에 불과할 터이지.

도시계획에 길든 눈으로 보자면 도로변에 가꾸어진 채소밭이란 용납하기 힘든 조경이었을 수도 있으리라. 꼭 할 수밖에 없는 사정이었다면 미리 언제 식수를 할 계획이니 채소를 가꾸지 말라는 안내판을 붙여주었더라면 어땠을까. 작물은 농부의 발걸음 소리를 듣고 자란다는 말이 있다. 버려진 땅을 파서 씨를 뿌리고 물을 주고 북 올리며 가꾸어온 사람의 허탈함은 어쩌란 말인가. 아무 연고도 없지만, 꽃보다 더 귀하게 마음 주던 나 같은 사람이 또 없지는 않을 텐데. 파헤쳐지는 모습을 보지 않았으니 그나마 다행이라 할까. 벗을 잃은 며칠 동안 출근길은 재미가 없었다. 땀이 밸 정도로 빨리 걷는 게 귀찮게 여겨지기도 하였다. 텃밭을 가꾸는 시골생활을 꿈꾼 지 얼마인가. 잠시나마 도시를 벗어나고 싶었다.

하얀 들길이 눈에 들어왔다. 차를 세우고 마음이 시키는 대로 들판을 가로질러 먼 마을 쪽으로 걷기 시작하였다. 일렁이는 황금 들판보다 더 매혹적인 노란색이 어디 있을까. 풍년이다. 산들바람에 몸을 맡기고 익은 벼 이삭들은 금빛 윤슬처럼 반짝거린다. 우연한 만남은 더욱 미쁜 법인가. 개망초, 구절초, 억새, 이름 모를 잡풀까지도 차근차근 다시 들여다본다. 부지런한 농부가 논두렁, 밭두렁까지도 빼곡하게 콩을 심어두었다. 수로 옆 빈터도 잘 다듬어 콩 줄기가 내 허리께에 키를 재고, 내가 좋아하는 들깨는 넙데데한 이파리 한가득 햇살을 담아 향을 빚는다. 붉은 고추가 초록 비탈에 방점을 찍는데 들국화 몇 송이가 풀덤불에 고명을 얹는다. 자연은 지금 축제 중이다. 수로를 따라가다 조그마한 저수지를 만났다.

수면 위에 작은 움직임이 끊임없이 이어진다. 손바닥을 위로 치켜들어보았지만, 빗방울은 아닌 듯하다. 흰 구름 몇 조각만 여유롭게 흐르는 하늘이 저수지 물속에도 들어 있다. 수포를 밀어 올리고 움직임을 만들어내는 물 식구들이다. 연, 생이가래, 검정말도 있을 테고 그사이를 유영하는 메기도 있을까. 낚싯대 앞에서 강태공은 시간을 잊었는지 미동도 없다. '부디 낚싯바늘 근처에는 얼씬도 말아라. 졸고 있는 낚싯대 깨우지 않게.' 물 식구를 격려하다 내가 이방인임을 깨닫는다. 저수지가 내려다뵈는 언덕에 앉아 나도 풍경 속으로 들어갔다.

내 한 몸

지구를 차지한 게

점이나 될까?

내 일생

세월에다 세워놓으면

점이라 할까?

지금은

점일지라도

금방 점도 아닐 걸…….

여기서는 풀잎 하나, 물풀 하나도 주인 아닌 것이 없지 않은가. 서관호 시인의 '묵언(默言)'을 외며 사라진 내 벗들을 떠올린다. 점이었다가 금방 점도 아닐 사람이 가는 곳마다 주인 행세를 한다. 뽑고, 옮기고, 죽이고, 자르고, 더럽히고, 짓밟고……. 미안한 마음에 하릴없이 돌멩이 하나를 물에 던졌다. 개구리 한 마리가 급히 연잎에서 뛰어내린다. 여기선 내가 무례한 객이구나. 무안해져서 자리를 털고 일어섰다.

젓가락

젓가락이 신호를 보낸다. 밥상 위에 단정히 올라 이제 준비가 끝났다고 눈짓을 한다. 아무리 구미가 당기는 음식이라도 젓가락 두 짝이 나란히 함께 발길을 해야만 그것을 입으로 가져갈 수 있다. 뜨거운 것도, 차가운 것도, 단단한 것도, 헝클어진 것도 가리지 않고 함께 나서는 젓가락 두 짝이 있어 우리의 식사는 완성된다. 한 짝만 가지고는 콕 찍어보거나 헤집어서 겨우 음식을 들었다 하더라도 십중팔구는 중간에 흘리거나 품위 없이 입가에 바르고 말 터이다. '나란히'가 살길이 되는 젓가락의 처세는 확고한 신념을 보인다.

젓가락의 미덕은 여기서 그치지 않는다. 동서양을 나누어 젓가락의 대항마를 논한다면 포크가 될 것이다. 아무리 음식의 재료가 되어 죽은 것이라 하여도 식탁에서 먹기 바로 전에 눈앞에 두고 칼로 자르고 포크로 찍어 올리는 모습은 우리에게는 아무래도 낯선 정서였다. 요리를 할 때는 어쩔 수 없이 조리행위가 이루어진다 하여도 밥상에서만큼은 형상을 유지할 수 있도록 소중히 다루고자 하는 마음이 뜨고 집는 우리 밥상의 기본행위에서 잘 드러나지 않는가.

삼베 밥상보를 벗기고 다정히 마주 앉은 부부가 식사를 한다. 서로 음식을 권하며 가끔은 젓가락으로 반찬을 정겹게 밥 위에 올려주기도 하고 좋아하는 반찬을 상대방 앞으로 밀어주기도 한다. 젓가락은 정성스레 만든 음식을 감사한 마음으로 누리는 행복의 첨병이 된다. 부부란 젓가락과 닮았다. 이인삼각 경주처럼 한 방향을 보고 늘 함께 나서는 길에 부부의 눈길이 머문다. 같은 곳을 바라보며 한쪽이 먼저 나서지 않고 보조를 맞추려 노력하다 보면 세월이 흐를수록 두 사람은 닮아간다.

아무리 물이 순리대로 흐른다 하여도 졸리는 봄날 오후처럼 길고 긴 인생길에서 어찌 위기가 없을까. 젓가락도 가끔 짝을 등지고 앵돌아설 때가 있다. 양손에 하나씩 나뉘어 반대쪽으로 속도감 있게 달리는 것이다. 하지만 다시 안 볼 것처럼 도망치다가도 언제 그랬냐는 듯이 한 손에 모여 함께 길을 나선다. 나누어진 김치 조각을 함께 들고 서로의 수고를 위로하며 다시 한 길로 나서는 젓가락에 잠시의 외도는 별문제가 되지 않았다. 둘의 어울림이 삶에서 가장 소중한 가치임을 알기 때문이다.

언젠가 본 표어 내용처럼 젓가락이 '따로 또 같이'의 행동을 보일 때가 있다. 아버지 친구들이 집에 들르시면 어머니는 술상을 차리느라 바쁘셨다. 내가 도가에 가서 누런 주전자에 막걸리를 가득 받아오면 술잔에 가득가득 하얀 정이 채워지고, 어른들의 세계가 궁금하여 나는 아버지 곁에 붙어 앉았다. 몇 순배 잔이 돌고 나면 누가 청하지 않아도 목청 좋은 군청 아저씨가 노래를 시작했다. "운다고 옛사랑이 오리오마는……." 흥겨운 가락에 맞춰 젓가락이 춤을 춘다. 짝이 함께 술상 언저리 턱을 두드리다가 어느 순간부터는 나누어져 다닥다닥 차례로 소리를 내는 것이다. 갈라져서든 함께이든 젓가락은 노래를 품는 흥겨운 리듬을 만들어냈다. 아버지가 돌아가신 뒤로 젓가락 장단을 더는 들을 수 없게 되었다. 혹여 젓가락의 분주한 움직임과 다양한 소리의 화음을 다시 한 번 들을 수 있다면 생전의 아버지를 뵙는 양 반갑지 않을까.

친정에 가면 예전에 쓰던 젓가락이 많이 있다. 끝이 뭉뚝하게 닳은 젓가락을 쥐고 콩나물을 뒤적이고, 튀김을 한다. 낡은 젓가락이지만 손에 익어 편하고 정이 간다. 아버지도 힘든 삶이었지만 병을 이겨내고 지금 어머니와 함께 노후를 보내고 계시면 얼마나 좋을까. 정 스민 닳은 젓가락처럼 두 분의 삶도 아름다울 것을. 오십 대부터 홀로 사시느라 어머니의 고방에는 쌀자루 대신 외로움과 서러움의 포대가 지금도 터줏대감처럼 버티고 있다. 나가서 사는 식구들 모일 때에 헌 젓가락 짝 고르느라 고생하지 않으려고 내가 새 젓가락으로 몽땅 바꾸자고 하였지만, 어머니는 단호하게 거절하셨다. 이제 와 생각하니 어쩌면 힘든 세월 함께 한 젓가락에 대한 연민 때문이었을 수도 있겠다.

오래된 젓가락이 버리기 어려운 식구라면 일회용 나무젓가락은 슬픈 존재다. 하지만 그들은 한번 쓰고 버려진다는 한탄으로 삶을 낭비하기보다는 두 짝이 함께 쓰이고 함께 생을 마칠 수 있음을 기꺼워하는 지혜로움도 지녔지 싶다. 그 깊은 속을 헤아린다면 포장지를 벗기고 사용하기 위해 붙어있는 젓가락을 가를 때 사람들은 좀 더 조심해야 하지 않을까. 힘이나 방향을 제대로 조절하지 못하여 한쪽이 부러지기라도 하는 날에는 세상에 나온 보람을 찾기도, 짝과 같이 보조를 맞춘다는 기쁨을 갖지도 못하는 비극을 초래할 수 있지 않겠는가.

짝이 맞는 것을 보면 마음이 놓인다. 홀수에서 느끼는 위태함을 넘어선 안정감으로 마음이 편해진다. 댓돌 위에 오도카니 신발 한 짝, 한 개만 남은 찻잔, 두 줄로 가는 봄나들이 행렬 끝에서 짝이 맞지 않아 혼자 뒤따르는 아이, 우애를 자랑하며 당당히 선 형제 앞에 왜소하게 움츠린 외동아이를 볼 때 느끼는 안타까움은 누구나 한 번쯤 겪어보았을 결핍의 경험을 떠올리게 한다.

나도 나이를 먹었다. 젓가락으로 치자면 윤택한 기름기가 빠지고 지친 몰골일 게다. 닳아서 자꾸 키가 작아지는 것은 안타깝지만, 산전수전 다 겪은 반쪽과 달리 혼자만 우뚝하니 젊은 날의 위용을 그대로 자랑한다면 그도 우스운 일이 아닐까. 상 위에 젓가락을 톡톡 두드려 높이를 맞추는 것, 격려하고 보듬는 손길이 곱다.

부사예찬

잠자리에 누우면 한 소녀가 나를 보고 있다. 지열한 일상을 마치고, 누운 채 나도 물끄러미 소녀를 본다. 오늘 하루도 워크홀릭 상태로 동동거렸다. 꽃바구니를 들고 앉은 그 소녀의 다감한 표정이 마음을 끌어 그녀의 안쓰러워하는 눈길을 고맙게 받는다. 한마디 말도 없지만 많은 말을 듣는다.

빛으로, 색으로, 눈으로 느끼는 소녀에게서 사람의 향기를 맡는다. 사람의 일생을 한 마디로 아우르는 낱말이 있다면 '살다'라는 동사가 아닐까. 향기는 그 동사 곁에 머물고 그것의 출처는 부사이지 싶다 '잘 살다,', '멋지게 살다', '소박하게 살다', '당당하게 살다' 등등 긍정적이고 여유 있는 부사들이 우리에게 삶의 방향을 제시하고 있는 것 같지 않은가. '어떻게'에 초점을 맞춘다면 삶은 날마다 보는 그것이 아닌, 날마다 하는 그 일이 아닌 어떤 특별한 의미를 갖게 될 것만 같다. 힘들어 손끝조차 움직일 수 없는 순간에도 '어찌', '고작', '설령', '능히' 같은 부사를 생각하면 힘이 난다. 이런 부사가 이끄는 특별한 정서는 자신의 의지로 홀로 서되 고립되어 있지 않은 이들의 서성임 속에서도 엿볼 수 있다.

먼 데서 들리는 저녁 종소리에 두 손 모을 줄 아는 마음, 자동차 앞에 뛰어든 강아지가 지나가게 해 주는 배려, 차창에 내려앉은 꽃잎을 즐기는 기쁨, 노점에 앉은 아줌마의 대단치 않은 나물을 만지는 손길, 성취가 부족하더라도 그 노력을 칭찬해 주는 눈길, 우두커니 햇볕 아래 앉아 사물에 정을 보내는 시간을 마라톤 선수처럼 쉼 없이 달리면서 어찌 가질 수 있을 것인가. 천천히, 이리저리 돌아보며 어슬렁거리는 여유의 갈피 속에만 깃드는 향기이기에 부사적 정서가 더욱 소중한 것이 아닐까. '살아낸다'는 말이 유행한 때가 있었다.

삶을 꾸리는 네에만 급급하던 그 시절에 대부분의 사람에게 하루하루는 힘든 것으로 여겨졌다. 사람들은 무엇이 되는가에 온갖 가치를 두었고 노력하여 그것을 이루었다. 우울증과 자살률이 세계 최고라는 가시관을 머리에 얹게 될 줄을 그 누가 알았으랴. 단정하게 마름질 된 서양식 논리와 사고는 명사적 삶을 추구한다. 어느 철학자는 현대 세계를 좌우하는 자본과 화폐는 반듯하게 네모로 마름질 된 명사로, 쏜살같이 전 세계를 유동하는 오늘날 자본의 흐름은 동사로 규정하였다. 우리의 삶은 과연 어디로 가고 있는 것일까. 우리가 추구해 온 것들은 명사와 동사적 삶이었던가. 무엇이 아닌 '어떻게'에 무게를 둔다면 진정으로 원하는 것들을 찾을 수 있지 않을까. 새해 들어 내내 청매실 마을의 매화 향기에 마음이 가 있었던 것은 우리 민족의 DNA 속에 들어있는 부사적 감성이 내 속에도 흐르기 때문이지 싶다.

동강의 물굽이를 그리워한다. 하회마을의 구부러진 골목길을 어슬렁거리고 싶어 먼 길을 달려 또다시 그곳을 찾는다. 나무기둥의 모습을 그대로 살린 서까래에서 친밀감을 느끼고 한복의 날렵한 곡선에서 아름다움을 본 선조들의 감각에 감동한다. 노년기의 굴곡 많은 산하가 우리 민족의 마음속에 그것을 즐길 수 있는 자질을 심었을까. 한국의 멋이라 이름 붙여진 것들을 살펴보며 그 속에서 내가 찾은 것은 유려한 선과 너그러움이었다. 자연처럼 마음의 흐름을 따라 살아보는 것, 부사적 사고 속에 인간적인 철학이 배어있음을 이제는 알 것 같다. 그 인간성의 기본을 '차마'라는 부사에서 찾았던 맹자의 정치사상은 눈물과 아픔을 어루만지는 부사적 정서에 힘입어 마음의 철학으로 대우받을 수 있지 않았던가.

맹자의 가르침을 가슴에 담고 산 것은 아니지만, 인간사 어두운 면과 마주쳤을 때 나도 '차마'라는 부사를 떠올렸다. 그 낱말의 울림 하나로도 원고지 스무 장을 메우고 '측은지심'이라는 인간의 본성을 논하는 데 어려움이 없었다. '차마'를 제외하고는 적절한 제목을 찾지도 못하였으니! 함께 하는 명사가 없어도, 충실하게 명사를 꾸며주는 형용사 같은 부하를 가지지 못하였어도 부사가 갖는 향기는 깊은 여운이 있다. 동사, 형용사와 부사, 심지어 문장 전체를 다 꾸밀 수 있는 부사의 넓은 품 안에서 삶은 풍요로워진다. 우리의 언어생활 속에서 부사적 정서를 유발하기 위해 부사는 온갖 애를 써왔다고 해도 될까. 내가 좋아하는 노래에는 유난히 부사가 눈에 띈다.

'그저 바라볼 수만 있어도'란 노래가 나의 첫 번째 애창곡이다. 그 노래에서 '그저'라는 부사가 갖는 영향력은 지대하다. 그것을 빼고 불러보면 멋진 가사가 맹물 맛이 되고 만다. 그러니 마이크를 잡으면 '그저'에 온갖 감정을 다 실을 수밖에. '그저'란 부사가 있어 가수가 나타내려고 한 삶과 사랑의 깊이를 한층 심오하게 만들고 있지 않은가. 좀 옛날 노래지만 "차라리 만나지나 말 것을…"을 부를 때도 '차라리'에 온통 감정을 쏟아붓는다. 동료가 요즘 유행하는 "무조건 달려갈 거야."를 외칠 때는 또 어떤가. 왠지 나도 마음을 모아주어야 할 것 같아 주먹을 쥐고 앞으로 내밀기까지 한다. 다니엘 카네만 교수는 '행복이란 하루에 기분 좋은 시간이 얼마나 되는가에 의해 결정된다.'고 하였다. 이런 부사들 덕분에 나는 우리 노래에 한층 매료되곤 한다.

부사는 허덕이는 인간을 측은하게 여긴 신의 선물이요, 마술과도 같다. 급히 달리다가 가슴이 막히는 것 같을 때에도, 가속페달을 밟아대다 삶이 두려워질 때에도 부사의 영역에 눈길을 돌리면 여유가 찾아든다. 수첩을 펴든다. 가슴에 끌리는 부사 몇 개 담아볼까.

샤갈, 날개를 부탁해

샤갈이 하늘을 난다. 검은 눈동자에 하얀 얼굴, 청순한 얼굴선과 단발머리, 사랑하는 여인 벨라를 안고 그가 새처럼 하늘을 날고 있다. 따스하고 환상적인 색채를 입은 고향 마을이 그들의 꿈을 받치는 배경이 된다. 내가 좋아하는 샤갈의 그림 〈도시 위에서〉를 보다가 서글퍼졌다. 연인의 사랑 속에 벨라는 수 세기를 행복하게 하늘을 날고 있건만 내게 눈인사를 보내던 단발머리 소녀는 며칠 전 추락하고 말았다.

괘종소리도 나른한 일요일 아침, 급하게 누르는 초인종 소리에 긴장하였다. "식구들 집에 다 있어요?" 숫제 울상인 반장 아주머니와 함께 앞뜰로 내달았다. 노란 금줄 앞에서 경찰이 막아섰다. 출근길에 가끔 보던 한 여자가 머리를 쥐어뜯으며 푹 주저앉았다. 모여선 주민들은 잠시 그녀를 외면했지만 이내 잔디밭에 덮인 하얀 천을 기웃거렸다. 경찰관이 주민들에게 손을 내저었다. 하릴없이 집으로 돌아왔지만, 마음은 창밖을 떠돌았다. 겨울 바다처럼 퍼렇게 얼어붙던 잔디밭에서 지옥을 본 게 아닌가. 진정해 보려고 뒤창을 열었다. 봄꽃이 만발한 공원에서는 사람들이 여유롭게 휴일을 즐기고 있었다. 갑자기 냉기가 온몸을 훑었다. 열린 앞창과 뒤창으로 바람이 흐르고 있었다. 거실 한가운데 서서 이쪽저쪽을 번갈아 보았다. 지옥과 천국, 그 가운데에 가공할 높이로 아파트가 버티고 있구나!

옥상 바닥은 민낯이었다. 예전에는 느끼지 못했건만 오늘 보니 회색은 참으로 무심한 색이 아닌가. 지저분한 물 때 자국이 칙칙한 얼룩을 그린 시멘트 바닥은 누구에게나 표정이 없다. 작은 벤치라도, 화분 몇 개라도 있었다면 그 애가 잠시 머무르며 생각을 가다듬을 수도 있지 않았을까. 몰려드는 햇빛에 잠시 눈을 감는다. 덤벼드는 현기증을 살아있음의 증거라 기꺼워해야 할까. 이내 정신을 차린다. 어디쯤이었을까. 소녀가 서 있었던 자리는. 옥상문을 여는 소녀의 손이 떨린다. 덜컹 문이 열리고 휑한 바람 한 줄기가 음모를 숨긴다. 파르스름한 정맥이 비치는 하얀 손이 도어를 꼭 잠근다. 황량한 공간 한가운데서 소녀도 어지러워 이마를 짚었을까. 집으로 내려가는 층계 쪽을 잠시 돌아보았겠지. 그리고 휘청 몸을 날린다. 그랬을까.

아파트 뒤뜰 너머 보이는 공원에는 오늘도 그날처럼 삶의 노래가 한창이다. 사람들이 한가롭게 산책을 한다. 자전거 바퀴가 경쾌하게 구르고 아이들 웃음소리가 공중을 난다. 찬란한 햇빛 아래 맑은 강물이 흐르고 청둥오리 가족들이 깃털을 다듬는다. 대나무 숲이 내는 휘파람 소리 위에 수양버들이 멋들어진 춤사위를 자랑한다. 멀리서 보아도 운동기구를 타는 사람들의 기운찬 함성이 들리는 듯하다. 애견들이 뛰놀고 물고기가 첨벙거리는 물가에는 휴식과 낭만이, 여유와 시상이 휴일을 온전하게 즐기고 있다. 또 다른 세상이다.

고층아파트의 옥상에 서면 타이타닉의 주제곡이 생각난다. 연인의 도움을 받아 여주인공이 두 팔을 벌리고 가득 바람을 안고 난간에 서서 가슴을 열던 화제의 장면은 세상 모든 연인들의 꿈이 되기도 하였다. 한려수도를 도는 큰 유람선을 타고 서툴지만 나도 그 장면을 연출하며 소박한 낭만을 불러내어 본 적도 있었다. 내가 세상의 주인이 되는 느낌이 그런 것이었지 싶다. 어울려 사는 세상, 허리를 붙잡아줄 누군가가 있었다면 소녀의 추락은 날개를 달 수도 있었으련만.

앞뜰이 희다. 소녀가 떠난 자리는 아무 일도 없었던 듯 키 작은 풀들이 바람에 떨고 있지만, 그곳을 덮었던 하얀 천을 기억 속에서 치우는 데는 오랜 시일이 걸릴 듯하다. 고교생활을 청춘의 꽃으로 보던 시절은 옛날이 되고 말았다. 그 애의 아픔은 무엇이었을까. 대학입시라는 종착역만 보고 쉼 없이 달려야 하는 힘든 생활 때문이었는지, 일등만 가치를 지닌 것이라 종용하는 어른들 때문인지, 옥죄던 친구들의 험한 눈빛 때문이었는지, 아니면 보상받을 수 없는 마음의 그림자 때문이었는지 궁금하다. 이웃들은 모두 입을 닫았다. 소녀의 이야기는 물을 수도 아는 체 해서도 안 되는 금기가 되었다. 아무 일 없었던 듯 시간은 흘러간다. 하지만 그 애 엄마의 창백한 얼굴에 깃든 어둠의 그림자는 누구도 지워 줄 수가 없다.

다시 뒤뜰 너머 공원을 본다. 샤갈이 그린 꿈의 세계에서 보던 아름다운 마을이다. 소녀가 이 세계를 선택해 주었더라면 얼마나 좋았을까. 경쟁과 아우성만 가득한 인공의 그늘에서 소녀가 볼 수 있었던 건 건물 사이에 끼어 낑낑대는 손바닥만 한 하늘이었을 게다. 아름다운 자연의 향연이 소녀의 마음에서 그늘을 벗겨 내 줄 수도 있었으련만. '얘야, 너의 선택으로 인해 살아있으되 산 목숨이 아닌 듯 괴로워할 이들에게 삶은 가혹한 숙제가 되고 말았다. 너와 가끔 인사를 나눈 나조차 오늘 이 자리에서 뒤뜰 건너 오월의 행복한 공원을 내려다보는 것이 미안하구나.' 앞뜰로 향하는 바람에 안쓰러운 내 독백을 실어본다.

그 애가 '자살'을 거꾸로 읽어내었다면 얼마나 좋았을까. 로꾸거 로꾸거 말해 말. 그 애가 좋아했을 법한 아이돌 그룹의 노래가사처럼 아프다고 비명을 질러 주었으면 더욱 좋았겠지. 둔한 이들의 막힌 귀가 뚫리고, 미욱한 어른들의 어두운 눈이 밝아질 수 있도록 소통을 신청했더라면 어른들은 그 애의 허리를 꽉 잡고 놓지 않았으리라. 우리가 아집 속에서 헤매고 있을 때, 소녀가 삶에 쫓겨 선택한 세상은 하얗게 색이 바랜 슬픔의 세상이었다. 하지만 그 애가 원하던 세상은 뒤뜰 너머 밝음의 세상, 샤갈이 표현한 사랑으로 가득 찬 세상이 아니었을까.

소녀에게 날개를 달아주고 싶다. 날개만 있다면 높이 날아올라 이 견고한 마천루의 옥상을 넘어서 천국으로 들어갈 수 있지 않을까. "샤갈, 날개를 부탁해."

동백꽃

눈시울이 뜨겁다. 요즘 들어 매일 보다시피 하는 동백꽃을 볼 때마다 일어나는 현상이다. 우연히 본 여행기사 속에서 부인에게 보낸 추사의 서신을 읽다가 마지막 문장에 묶여버렸으니.

'오늘 집에서 보낸 서신과 선물을 받았소. 당신이 봄밤 내내 바느질했을 시원한 여름옷은 겨울에야 도착했고, 나는 당신의 마음을 걸치지도 못하고 손에 들고 머리맡에 병풍처럼 둘러놓았소. 당신이 먹지 않고 어렵게 구했을 귀한 반찬들은 곰팡이가 슬고 슬어 당신의 고운 이마를 떠올리게 하였고. 내 마음은 썩지 않는 당신 정성으로 가득 채워졌지만 그래도 못내 아쉬워 집 앞 붉은 동백 아래 거름 되라고 묻어주었소. 동백이 붉게 타오르는 이유는 당신 눈자위처럼 많이 울어서일 것이오.'

조선 시대에 살았던 오십 대 중반 사대부의 서신이라. 오랜만에 미세먼지가 싹 걷힌 도심의 산을 보듯 눈이 맑아졌다. 제주도에 귀양 온 추사는 탱자나무 가시 울로 둘러싸인 초가지붕을 인 모거리 초라한 방에서 부인을 그리워한다. 천하의 명필이 두고 온 아내에게 한글로 편지를 쓴다. 도포도, 갓도 다 벗어놓고 속내를 남김없이 드러낸다. 두 사람 사이에는 자식이 없었다. 칠거지악이니 삼종지도니 온갖 굴레로 여성을 얽어매던 시대였으되 이를 개의치 않았으니 지금의 기준으로 보더라도 상남자라 할 만하지 않은가. 살뜰한 이 편지를 받고 부인은 또다시 눈물 바람을 하였을 터이지.

우리 아파트 뜰에도 동백나무가 산다. 내가 좋아하는 마티스의 그림 '댄스' 속의 나부들이 손을 잡고 원무를 추듯 여덟 그루가 어깨를 걸고 둥글게 어울려 있다. 함께하는 모습이 좋아 꽃이 피지 않았을 때에도 들고 날 때 내 눈을 사로잡는 대견한 나무다. 오늘은 바람이 설렌다. 봄빛을 받아 반짝이는 초록 바탕에 점점이 얹힌 붉은 꽃송이의 찬란함이여. 우아하게 두 팔을 들어 올려본다. 노랫가락을 흥얼거리며 감흥에 사로잡히다가 아래로 시선을 돌린다. 차가운 땅에 누운 동백꽃이 붉다. 피 울음을 삼키며 천 리 밖에 위리안치 된 남편을 그리는 부인의 아픔이 저리 절절히 물들었을까. 한 송이를 주워들고 들여다보며 잠시 예안 이 씨가 되어 본다.

'당신의 서신을 백구도 조는 초여름에 받게 되었습니다. 제가 보낸 여름옷을 병풍처럼 두르고 휑한 방안에 외로이 앉아 계실 당신을 떠올리며 겨울옷을 짓습니다. 육로와 뱃길을 타고 가는 천 리 먼 길을 미처 생각지 못하였나이다. 제가 아무리 정성 들여 손질했어도 곰팡이가 피어 먹지 못하게 되었다 하니 괜히 마당에 선 동백의 반질거리는 잎이 미워집니다. 고적한 당신의 뜰에 선 동백은 제가 보낸 정성을 당신 대신 먹고 그렇게 붉게 타오르는 것이겠지요. 오늘은 치워두었던 붉은 치마를 꺼내봅니다. 다시는 곰팡이 피지 않게 육포라도 쪄서 말리고 또 말려야 하겠습니다. 부디 강건하소서.'

부인이 한 자 한 자 답신을 썼다면 이런 내용이었을까. 살아서 돌아올 기약조차 하기 어려운 남편을 기다리는 여심이 어찌 담대할 수 있었을까만 마냥 눈물지을 수만은 없었으리라. 드러내지 않는 그 마음을 읽어주는 따뜻한 품이 있어 붓을 들고 있는 동안 마음은 천 리를 달리고 파도를 넘어 지아비에게 향하고, 밤새 호롱불을 끄지 못하였을 터이다. 발목을 잡는 것이 바다가 아니고, 자식도 아니고 병약한 자신의 몸이었다면 회한은 더욱 짙었으리라.

꽃 한 송이가 내 앞에 툭 몸을 던진다. 온전하게 땅에 누운 정갈한 몸가짐이라니. 예안 이 씨는 추사가 제주도에 유배된 지 삼 년 되던 해에 유명을 달리했다. 아내의 부음을 즉시 듣지 못하고 몇 달 동안 계속 아내에게 건강을 염려하는 편지를 썼던 추사의 애통함이야 말해 무엇 할까. 천 길 먼 곳에서 그저 먹을 갈고 시를 지어 애달픔을 달래야만 했던 그 심사가 오죽하였으랴. 문인화의 걸작이라 불리는 추사의 그림, 세한도를 벽에 걸고 매일같이 보던 때가 있었다. 예전에는 단순하고 비틀린 나무줄기를 보며 선비의 고결한 기상이라 여겼었다. 요즘 세한도에서 내 눈 속에 들어오는 것은 극한의 외로움에 갇힌 앙상한 명상가 같은 겨울나무이다. 부인까지 떠나보내고 절해고도에서 하루하루를 견뎌내는 그의 황량한 마른 울음이 갈필에 묻어 나왔다고 하면 남들은 내게 어이없다 할까.

선운사에 갔었다. 노래 가사처럼 동백꽃이 눈물처럼 후두두 떨어지는 장면을 기대하며 찾은 그곳에는 흰 눈을 뒤집어쓴 검푸른 잎들만 얼어있었다. 아쉬움이 발효되어 그리움이 되었을 즈음, 송창식의 노래를 배경으로 텔레비전 화면을 가득 채운 선운사 동백을 볼 수 있었다. 고결하고 영원한 사랑이라. 자막에서 본 꽃말 때문인지 한동안 그 영상을 자주 떠올렸다. 꽃이 피는 것도 사람의 인연도 기다림을 앞세우고서야 완성될 수 있는 것일까. 부인이 세상을 떠난 뒤에 그의 뜰에 피어난 동백은 더욱 붉지 않았을까. 이승과 저승으로 나뉜 진한 별리의 아픔으로 피멍 든 꽃송이를 추사는 어찌 두고 보았을까. 세월이 흐른 뒤에 부부는 합장되었다. 후손들에 의해 이승에서 못다 한 부부의 연을 다시 잇게 되었으니 더는 울 일이 없으리라.

막대기를 주워들고 원을 그린다. 줄기와 잎과 꽃이 한 울타리 안에 들었다. 병약한 아내를 걱정하는 다정한 지아비의 품처럼 파릇한 풀들이 융단처럼 깔렸다. 추사는 '임자가 몸을 보호하여 가는 것이 나를 보호하여 주는 것'이라 썼었지. 남편을 걱정하는 살뜰한 지어미의 붉은 마음이 눈물처럼 흩어져 누웠다. 살면서 추사의 글씨를 제법 많이 접하였다. 칠십 평생 벼루 열 개를 밑창 내고 붓 일천 자루를 몽당붓으로 만들었다는 명필이지 않은가. 그러나 내 마음을 사로잡은 것은 글씨가 아닌 한 편의 언문 편지였다. 녹슨 자물쇠를 벗기고 내 안의 편지함을 들여다본다. 한때는 감성으로 채웠던 그 공간이 이렇게 비워진 줄 몰랐다. 오늘, 백육십 년이란 시간을 가로질러 후손이 쓰는 서툰 편지를 그분들은 어찌 보실까.

'붉은 동백을 보면 눈길이 부드러워집니다. 야속하다고 투덜대기 바빴던 메마른 마음에 물기가 돕니다. 요즘 세상에 가장 흔하게 떠도는 말이 사랑이지요. 하지만 쉽게 돌아서는 것도 예사로운 일이 된 듯합니다. 누구는 핏빛 아픔으로, 또 누구는 피 끓는 정념으로 동백을 봅니다. 지어미의 붉은 눈시울을 걱정하며, 마음을 살뜰하게 전할 줄 아는 선생님의 명문을 대하고 나서 동백의 붉음은 어쩌면 지아비의 사랑에 행복해하는 여인의 한 조각 붉은 마음이 아닐까 합니다.'

그리움으로 빨갛게 물든 꽃들을 본다. 바래지 않는 단심이다.

보(褓)

친구는 오 년이나 앓고 계신 안타까운 어머니 이야기를 한다.

"네 귀를 여미며 곱게 나비 묶기를 하는 어머니의 손등이 퍼랬어. 어머니는 그 보퉁이를 들고 현관에 주저앉아 고향으로 갈 것이라고 떼를 쓰기 시작했어. 아침 내내 옷이며 아끼는 소지품을 모아 색깔도 고운 보에 차곡차곡 쌓아놓고는 귀를 접어 넣어가며 소중히 한 뭉치의 삶을 정리한 어머니는 한시가 급해 보였지."

그동안 몇 번 만난 적이 있는데 이제야 말을 꺼낼 엄두가 났나 보다. 일 맵시 좋기로 소문났던 어른의 변한 모습을 받아들이기 위해 얼마나 가슴을 뜯었을까. 위로의 말을 미처 찾지 못한 내 목줄기에 그녀의 고통이 자리를 튼다.

어머니는 큰아들 네서는 작은아들 네 간다고 보따리를 챙기고, 작은아들 네에서는 큰아들 네 가야 한다고 서둘러 문고리를 흔든다. 세월에 시달린 시간을 잊고 다른 사고의 틀에 사로잡혀 버린 지금에 와서도 생각의 반경은 오로지 자식들 주위를 맴돈다. 어머니는 혹시 아침마다 보에 자식들을 싸는 게 아닐까. 머리카락 희끗희끗한 자식은 어머니의 품에 머리 정도나 싸안길까.

며느리는 기어이 보퉁이를 뺏어 하나씩 풀어 내렸다. 물건을 하나씩 끄집어낼 때마다 어머니의 한이 올올이 풀려 나오면 좋으련만. 보퉁이에 싸 담지 않아도 지난 삶이 어머니께 편안한 마음으로 받아들여지길 기대하며 오랜 날들을 기를 썼다. 하시반 눈물을 훔치는 사이에 자신의 마음속에도 보가 펼쳐지고 있음을 친구는 몰랐을 것이다.

보는 어머니의 비밀일기장이요, 사진첩이다. 공중에서 살짝 털어 양 끝을 잡고 놓으면 살포시 자리 잡는 정사각형의 영역 속에 온갖 이야기들이 피어난다. 꽃 다져 손가락마다 동여매던 댕기머리 시절의 친구들 얼굴, 혼인날 새벽에 쪽창을 열고 앞산을 대면한 채 남몰래 한 자신과의 맹세, 층층시하 매운 시집살이 견디던 눈물받이 행주치마, 무디기 그지없던 지아비가 남 말하듯 툭 던진 한마디 정담, 자랑스러운 내 자식 첫 월급 정표인 이중직 내의, 아들이 머리에 씌워 준 사각모의 기억까지 차곡차곡 내려앉는다.

내달리는 시간의 수레바퀴 아래서 우리는 뒤돌아볼 새가 없어

관절이 아프다. 하루라도 아무 생각 없이 쉬고 싶다는 말을 입버릇처럼 한다. 일중독이란 낱말이 통용된 지 오래되었고 과업 지상주의의 깃발이 밤낮없이 펄럭댄다. 그러다가 어떤 이는 삶의 끝을 과로사라는 어이없는 형태로 맞기도 하지 않던가. 모두들 각자의 보자기에 싸기에는 참으로 매력 없는 것들이다. 삶의 편린들이 푼푼이 들어앉은 각자의 보자기 안에서도 이런 것들은 천을 뚫고 뛰쳐나가려고 요동을 치지 싶다.

치매라는 말을 한자로 쓰면 유치하고 어리석다는 말이 아니던가. 평생을 철들기 위해 노력한 인간에게 엄청난 후진을 명령한 신의 조치는 가혹하다. 한 많은 삶을 산 이들이 편히 쉬어보고 싶다고 입버릇처럼 뇌었던 말이 신의 갚음을 받았단 말인가. 친구의 형제들은 경제적 어려움을 감수하고 간절히 호전을 기원하며 어머니를 병원으로 모셨다. 하지만 어머니는 일주일 만에 증세가 한층 악화되셨다. 맑은 정신이 들 때 그분은 자식들에게서 버림받았다고 생각하였던 것이었다. 집으로 모셔온 뒤 더 자주 보퉁이를 챙기고 또 그것을 가슴에 꼭 안고 놓지 않으려 하신다고 하였다.

추억의 반닫이에 차곡차곡 개어놓은 수없이 많은 보를 펼치고 묶으며 어머니는 시간조차 잊는다. 팔랑거리는 보의 끝자락 따라 어머니의 숨은 그리움이 회심곡으로 엮어진다. 색깔과 크기를 볼 수 없는 것이라 해도 자식들 먹이는 것, 입히는 것, 가르치는 일, 보호하는 일을 위해 자신의 한을 골라내어 따로 싸 둔다. 스스로를 추스르지 못하게 된 지금에 와서도 친구의 어머니는 무의식의 세계에서 아직도 보를 펼친다. 손길을 나누고 있는 것이다. 평생을 하시던 일이니 어찌 익숙하지 않으실까.

내 어머니의 보는 낡은 나무그릇이다. 찹쌀 두어 알, 참깨 한 알, 콩 한 쪽, 마늘 한 쪽, 대추 한 개 ……. 혹시 잊고 안 챙겨 줄까 봐 혼자만 알게 표시해둔 현물메모장이다. 좋은 것만 가려 꼭꼭 싸서 건네주시는 어머니의 보자기 속에 우리 사 남매가 들어 있다. 시골에 홀로 계신 어머니를 늘 생각하다 보니 어디서 노인들에 대해 안 좋은 이야기만 들어도 가슴은 센 바람 앞에 선 흔들바위 꼴이 된다.

시골집 안방의 한쪽 벽면에는 낡은 사진틀이 여러 개 걸려있다. 중년이 된 자식의 어릴 적사진과 결혼사진, 졸업사진, 손자들의 돌 사진, 여행지에서 찍은 사진들이 다닥다닥 붙어서 세월을 붙잡고 있다. 뿔뿔이 흩어져 제 몫 찾기에 숨 가쁜 자식들이 생각나 문득 주위를 돌아보게 될 때 어머니는 사진을 다시 정리한다. 추억 어린 사진을 골라 넣으며 만지작거리는 손길은 날이 갈수록 더디어질 것이다. 사진에서 나온 많은 이야기로 휑하던 방 안 공기에 훈기가 돌면 그제야 잠자리에 드시겠지. 자주 전화하는 것도 자식들 신경 쓸까 봐 일없다 하시는 어머니를 나는 여태 강한 분이라고만 생각하였다. 어머니의 보에 무엇을 싸실지 뻔히 알면서도.

한숨이 길다. 친구가 씩씩하게 말투를 바꾸는데 그녀의 얼굴을 바로 볼 수가 없다. 눈을 몇 번 깜박여본다. 색색으로 일렁대는 염색한 고운 천들이 빨랫줄에 죽죽 걸쳐져 흔들거린다. 팔랑대는 수많은 보를 마주 앉아 같이 본다. 정성껏 기저귀를 개어 쌓듯 휘날리는 보를 마음에 담는다.

노고초(老姑草)와 노숙자

‘버린다’라는 낱말은 어떤 에너지를 가진 말일까. 가치가 없다고 생각하는 것을 버리는 일이라면 긍정적 에너지를, 가치 있는 것을 챙기지 못하고 버린다면 부정적 에너지를 방출하는 낱말이 될 것 같은데. 법정 스님이 입적하신 후 그의 저서 『버리고 떠나기』는 사람들에게 또 다른 화두를 던진 듯하다. 오랫동안 지켜오던 삶의 방식을 버린다는 것은 쉬운 일이 아니지 않을까.

요즘 소리 내어 웃게 되었다. “하하하.” 욕심도 걱정도 걷어버린 귀한 웃음을 운 좋게 텔레비전에서 본 까닭이다. 웃는 모습은 아름답다. 신나게 웃을 때 사람들의 얼굴은 잘남과 못남을 떠나 웃음 자체로만 보인다. 세상에서 가장 아름다운 얼굴은 웃는 얼굴이 아닐까. 성 안내는 그 얼굴이 진정한 공양구라. 경주에서 사 온 ‘신라의 미소’ 벽걸이를 볼 때마다 그 믿음은 굳건해진다. 어쨌거나 소심한 성격인 나는 실눈을 뜨고 목젖이 보이도록 호쾌하게 웃는 할머니의 모습이 부럽기 그지없었다.

텔레비전 프로그램 ‘세상에 이런 일이’의 주인공이 된 노고초 할머니를 포항에 위치한 깊은 산 속에서 보았다. 세속을 버린 지 어언 삼십 년, 외로움과 서러움도 모두 버린 듯 할머니의 얼굴에는 웃음이 가득하였다. “세상은 살 곳이 못 되어.” 거칠었던 세월을 짐작하게 하는 말씀이었지만 지금 그 이유는 할머니에게 별다른 찌꺼기로 남아있지 않은 듯 호탕하게 웃으셨다. ‘구름 같이 바람 같이 한평생 살다가 흙으로 돌아가면 그만’이라는 할머니의 말씀에는 구도자 같은 여유가 넘친다. 하늘을 보고, 숲을 보고, 맑은 물을 보고, 갖가지 나무들을 골라 심어 자신이 개간한 산밭도 보고…….

욕심을 버리자 부족함도 없었다. 기울어가는 초가집, 강아지 혓바닥처럼 펄럭거리는 고무신, 구멍 숭숭한 때에 전 옷이 무슨 문제이랴. 간장을 반찬 삼아 찬밥 한 덩이 꺼내셔도 남겨서 옆 개울에 사는 고기들을 부르셨다. 손자 보듯 “아이구 예뻐!”하고 좋아하시는 할머니의 웃음이 아이처럼 무구하다. 인생무상이라. 둥그런 무덤 앞에 외롭게 고개 숙이고 피었다가 어느 순간 의연하게 백두옹이 되어 서는 노고초가 저런 모습이었을까. 집 앞 채소밭에는 각을 지어 정렬한 해병처럼 고춧대와 감자포기가 잡풀 하나 없이 군기를 세우고, 숲을 헤치며 찾아간 산밭에는 묘목들이 질서정연하여 기자들은 혀를 내둘렀다. 바빠서 외로울 새도 없다며 할머니가 숲이 울리도록 또 웃으셨다. 그분이 그 숲의 주인이었다.

버린다는 것은 저런 것일까. 가난하지만 범접할 수 없는 의지를 가진 할머니의 삶 앞에서 나는 의문에 잠긴다. 행복이란 개인의 생각에 달린 것이기에 할머니에게 누구도 세상 밖으로 나오라고 권할 수 없었다. 버리는 사람이 많은 세상이다. 명예도, 일도, 가족도, 가치도, 목숨까지도 버리고 떠도는 사람들이 매일 신문의 사회면을 장식한다. 가치 있는 것들을 힘들게 버리고도 자신을 제대로 찾지 못해 아직도 방황하는 사람을 며칠 전 서울역에서 보았다.

햇살이 마천루의 유리창에 반사되어 밝게 빛나는데 사람들은 희망에 찬 얼굴로 어디론가 떠나고, 또 어디선가 돌아오는 중이었다. 부산에서 오랜 시간 기차를 타고 도착한 나는 서울이 어떻게 맞아줄지 설레는 마음으로 힘껏 역사의 문을 밀었다. 패티김의 서울찬가처럼 정답고 아름다운 거리를 보게 될까. 이용의 노래처럼 푸른 꿈이 넘쳐흐르는 낭만의 도시를 대면하게 될까. 하지만 기대와는 달리 나를 맞이한 것은 환한 대낮에 나 보아라 하고 활개를 치는 어둠이었다.

노숙자였다. 웃통을 벗고 계단에 거꾸로 몸을 걸친 그는 술에 취한 듯하였다. 지나가는 경찰관이 어쩌나 싶었는데 모른 체해버리고, 사람들은 그를 피해 멀리 돌아서 길을 갔다. 주위를 돌아보니 곳곳에 노숙자들이 모여앉아 더러는 술추렴을 하고, 더러는 화투장을 돌리고, 또 어떤 이는 구부리고 앉아 행인을 구경하거나 낮잠에 취해 있었다. 세상은 우리에게 아무 말 말라는 듯 태연자약하게 서울역을 점유하고 아예 그 터에서 살림을 차려버린 그 모습에 할 말을 잃었다. 길거리로 나서다니.

사정이 오죽 딱했겠나 싶으면서도 미간을 찌푸리고 마는 것은 지금 그의 모습에서 영화에서나 본 패잔병의 그림자를 느끼기 때문이다. 전쟁터 같은 삶을 헤쳐 오느라 지쳐버린 그는 많은 것을 버렸다. 가족과 일, 살면서 지켜오던 모든 예절이나 가치관을 버리고 수치심이나 자긍심도 버렸다. 그러나 가장 중요한 것은 자기 자신을 아무렇게나 길 위에 버렸다는 것이 아닐까. 많은 사람이 이용하는 서울역 앞 계단에 반라의 차림새로 거꾸로 걸쳐 누워서 이성을 알코올에 건네주어 버렸다. 노숙한다고 해서 정신까지 노숙을 시켜서는 안 될 일이건만…….

언젠가는 근처 지하도를 건너다가 질색을 한 적이 있었다. 그들이 박스 하나씩을 차지하고 지하도 양쪽에 줄지어 앉아서 통로를 종종걸음으로 지나는 나를 동시에 쳐다보는 것이 아닌가. 저녁 시간, 다른 행인이 없어 더 두려웠던 그 생각만 하면 접질렸던 발목이 또다시 뜨끔거린다. 정해진 시간이 되면 서울역은 문을 잠근다고 한다. 쫓겨난 그들이 마음 편하게 머물 곳은 없을까. 번듯한 마천루의 그늘이 아니더라도 쉼터를 늘려 적어도 잠은 다리 뻗고 잘 수 있게 배려해야 하지 않을까 싶다. 노숙하는 이들이 있는 세상에서 따뜻한 방에 발 뻗고 자는 것은 어쩌면 미안한 일인지도 모른다. 하지만 많은 이들이 간섭받는 것보다 거리가 낫다며 노숙을 택한다는 말을 듣고 보니 말문이 막힌다.

할머니는 노숙자들보다 더 많이 버린 사람이다. 세상까지 버리지 않았던가. "하하하." 할머니의 웃음소리는 건강하였다. 눈빛은 맑았고 물고기와 나무들을 사랑하는 마음으로 행복해 보였다. 노숙자들은 주위를 흘깃거리며 지나가는 사람들에게 두려움과 짜증을 심어주었으며, 사람들의 못마땅해 하는 마음을 아는 그들은 '할 테면 해 봐.'하는 표정으로 마천루에 조소를 날리고 있었다. 노고초 할머니의 웃음소리를 그들에게 전해주고 싶다. 마음 둘 데 하나 정해 노력한다면 그들도 할머니처럼 환하게 웃을 수 있지 않겠는가.

버려야 할 것은 괜스런 욕심이나 게으름이지 자존심이 아니지 않을까. 나도 걸림 없이 크게 한번 웃고 싶다. "하하하!"

미인이라 불러줄게

황무지

등

화수분

허리

늙은 회화나무

미인이라 불러줄게

여보세요

사람새

황무지

'잃어버린 마을'이라니. 차가 모퉁이를 돌아서자 길섶에 표석이 나타났다. 기단과 표지석을 둘러싸고 있는 잡풀과 덩굴은 허옇게 말라서 '잃어버린'이란 낱말을 수식하는 것처럼 보였다. 바싹 말라버린 식물이 되살아날 가능성은 전혀 없는 일이기에 비석과 마른 풀들은 묘한 풍경을 만들어내고 있었다. 그 풀들이 잃어버린 것은 생명이었다.

어디를 보아도 무르익은 초록 세상이다. 오름이며 숲이며 돌담으로 둘러진 밭이며 모두가 포동포동 살진 호흡을 자랑하고, 매미들은 목청껏 삶을 예찬하는 신록의 계절이 아닌가. 아무런 꾸밈없이 표석 하나 덩그러니 놓인 장면이 의아하여 차를 세웠다. 이번 여행에 안내인을 자처한 허 교수님이 '피로 얼룩진 현대사의 어두운 그늘, 4·3사태의 현장이 바로 여기'라고 일러주셨다. 아름다움에 익숙해진 눈으로 재빨리 코드를 바꾸기가 쉽지 않았다. 허둥대며 제주의 어두운 역사를 맞대면하려니 대학 시절 한 학기 내내 외고 다녔던 엘리엇의 『황무지』가 떠올랐다.

사람의 아들아, 너는 말하기는커녕 짐작도 못 하리라
네가 아는 것은 파괴된 우상 더미뿐,
그곳엔 해가 쪼아대고 죽은 나무에는 쉼터도 없고
귀뚜라미도 위안을 주지 않고
메마른 돌 틈엔 물소리도 없느니라.

죽음의 현장이었다. 마을 전체가 불타고 학살당하고 강제로 소개(疏開)된 역사의 폐허에 세워진 표식이었다. 이념에 매몰되어 죽은 이도 있지만, 그 시대에 태어났고 그곳에서 살았다는 이유로 해서 이리저리 몰리다 죽음을 맞은 이들이 살았던 곳이었다. 태어나고 자란 마을을 차마 떠나지 못해 정부의 소개명령을 받아들이지 못하였거나 이념이 무엇인지 잘 몰라도 이웃들과 행동을 함께한 잘못으로 비극의 주인공이 되어버린 사람들……. 마을은 오랫동안 통곡조차 허락되지 않는 슬픈 묘지가 되고 말았다. 문충성 시인은 4·3의 아픔을 '섬 하나가 몬딱 감옥이었주마씸, 섬 하나가 몬딱 죽음이었주마씸'으로 표현했다던가.

4·3사태의 회오리에 휘말린 마을은 백여 개나 된다고 한다. 이념이 대치되는 극한의 상황에서 참혹한 사태는 예정된 순서였으리. 아군과 적군이 혼재되어 옥석을 가리기 어려운 상황은 혼란의 쓰나미를 카운트다운하게 만드는 도화선이 되었다. 하나의 이념으로 뭉치는 일이 가장 시급한 일이었을 것이지만 마을을 불태

우고, 마을에 남은 노인과 아이까지도 모두 죽여야 했던 슬픈 역사 앞에 할 말을 잃는다. 그럴 수밖에 없었을까. 이념과 상관없이 죽음을 맞아야 했던 이들에 대한 헌시는 영원히 눈물겨울 것이다. 버려진 마을도 엘리엇의 탄식처럼 겨울이 오히려 기꺼웠을까. 죽은 자들은 그저 불타버린 돌덩이들만 남은 이 황무지를 떠나지 못하고 맴돌고 있을 것만 같다. 나무 그늘 밑의 휴식도 귀뚜라미의 위안도 받지 못하고…….

겨울은 오히려 따뜻했다
망각의 눈으로 대지를 덮고
마른 구근으로 가냘픈 생명을 키웠으니

라고 시인은 노래했다. 겨울에는 저 해안가 번성한 곳이나 한라산 고고한 자락이나 다름없이 하얀 눈은 평준화된 모습으로 마을을 감싸주었을 터이다. 흰 눈으로 이불을 해 덮고 아픔과 통곡을 고스란히 가리고 품어 줄 수 있었다. 살을 에는 추위와 황량한 바람이 지붕을 흔들어대도 굵은 동아줄 칭칭 동여매고 이 황무지에서 죽은 듯 엎드려 있을 수 있었기에 겨울이 오히려 좋았을까. 재생과 부활을 바라지 않고 그저 참혹한 세상을 잊고자 하였기에 그들은 겨울이 차라리 기꺼웠을까.

망각이 없었다면 남은 이들이 어찌 살아갈 수 있었을까. 할퀴어지고 베이고 찍히면서도 지켜온 삶, 피가 철철 흐르는 아픔을 견뎌야 하는 삶의 노곤함이 깃들어, 말라버린 샘에서 눈물의 소금기는 버석거리고, 그것이 광물질로 굳어가는 사이에 주위의 세상은 빛으로 변하였다. 빛이 환할수록 이웃한 어둠은 짙어지는 법, 황무지에 깃든 그늘은 여전히 음울하다. 잊힌듯하면서도 잊히지 못하고 여전히 파묻혀 있는 비극은 더욱 서럽지 않은가.

어두운 역사의 울타리에 갇힌 이들이여. 멀찍이 불타는 이웃 마을을 보며 두려움에 떨었을 사람들이여, 한겨울 한라산 자락 얼음 부석대는 밤길을 도망치다 삶을 마감한 한 많은 영혼들이여, 그대들에게 사월은 진정 잔인한 달이려니. 망각 속에 영원히 잊고 싶은 달이려니. 새로운 사월은 폭풍우 같은 삶을 일깨우고 찬란한 생명을 깨우기에 오히려 또 다른 아픔이 됨을 시인은 백 년이나 앞서 노래하였다. 하지만 그대들이여, 시인의 말처럼 잠든 뿌리를 키우고 라일락을 키워내는 봄비를 받아들이면 어떠하겠는지. 그리하여 황무지에 드디어 생명이 자라고 새로운 삶의 역사가 시작될 수 있도록.

잃어버린 마을에서 잊지 말아야 할 것을 생각한다. 6·25전쟁을 배경으로 한 영화 『고지전』에서 휴전협정이 기정사실로 되었는데도 애록 고지를 탈환하기 위해 매일같이 죽고 죽이는 전투를 치르며 주인공들은 물었다. "왜 우리가 싸우는 거지?" 애초에 목적은 있었겠지만 수많은 이들의 참혹한 시신을 딛고 서서 그들은 의문을 갖는 것이다. 가장 소중한 것이 무엇일까. 잃어버린 마을을 재건하려는 정부의 노력이 있었지만 떠난 주민들은 돌아오지 않고 이제 대규모 개발지나 과수원, 목장 등으로 변해 그 모습을 찾기가 쉬운 일이 아니라고 한다. 혼란한 시대에 빼앗긴 마을들은 옛날을 되찾지 못할 터이다. '잃어버린'으로 수식되는 곤을동, 베릿내, 다랑쉬, 드르구릉, 어우늘, 무동이왓, 빌레못 등 슬픈 이름으로 역사의 한 페이지에 남을 수밖에 없다.

잊고 싶어 하는 이도 있을 것이다. 잊어서는 안 된다고 목청을 높이는 이도 있을 것이다. 잊으려 한다고 잊히지도, 잊지 않으려 기를 쓴다고 죽은 이들이 살아 돌아오는 일도 아니겠지만, 무연히 서 있는 비석이 사실을 증언한다. 그리고 자신을 잘 보고 가라고 우리의 눈길을 끌어당긴다. 사진 한 장으로 직접 대면한 역사의 현장을 기록해 둔다. 차츰 멀어지는 차창 밖으로 엘리엇의 긴 시를 접으며 마지막에 외웠던 주문을 날려 보냈다.

"샨티, 샨티, 샨티[1]……."

잃어버린 마을, 이제 황무지를 벗어나면 어떨까.

---

1. 산스크리트어로 '평화'를 뜻함. T.S.엘리엇이 장시 '황무지'의 마지막 부분에 쓴 주문

등

상반신을 드러낸 여인의 뒤태가 아름답다. 비껴 보이는 고혹적인 가슴선보다 안마사의 약한 손길에도 비명을 지를 것 같은 얄팍한 등에 시선을 고정한다. 등줄기의 부드러운 음영, 거기서 아릿한 슬픔을 본다. 사진작가 에두아르 부바가 그녀의 뒷모습에서 나타내고자 한 것은 무엇이었을까. 그의 사진집 속에 나타난 뒷모습들은 정돈된 것이라 할지라도 어느 정도는 외로워 보였다. 자신을 내보일 수밖에 없는 숙명을 아는 듯 힘겨워 보였다.

교통사고 환자들이 특히 많이 온다는 정형외과 로비의 구석진 곳에서였다. 한 남자가 낮은 목소리로 여자를 윽박지르고 있었다. 둥글게 굽은 등 근육의 살집이 두툼하였다. 머리도 아프고 어깨도 뻐근하다고 해라. 정신이 없다고 해라. 허리도 결린다고 해라. 고혈압 약을 먹는다는 말은 입 밖에도 내지 마라. 목을 돌리지 못하겠다고 해라. 예전에 한 번 쓰러진 적이 있다는 말은 절대 해서는 안 된다. 듣고 있는 초로의 여자는 표정이 없다. 한 마디도 대

꾸하지 않지만 허망하게 들끓고 있는 눈빛을 어찌 숨기랴. 등 돌리고 싶으나 주눅 든 사람처럼 사내의 눈길을 멀찍이 피하고 있었다. 별일 아니어서 다행이라는 말을 듣고 싶었으리라.

허리가 아파서 들른 병원이지만 이곳에도 마음이 아픈 이들이 많이 온다는 생각을 한다. 사고를 낸 당사자는 얼마나 전전긍긍하고 있을까. 별로 아픈 데가 없는데도 사지가 다 아프다고 엄살을 떨어야 하는 저 아주머니의 마음은 지금 얼마나 황망할까. 놀란 가슴을 쓸어내리고 있는 아내에게 거짓말을 강요하고 있는 저 남자는 받아낼 돈을 계산하느라 또 얼마나 머릿속이 복잡할 것인가. 그 남자는 환자번호가 없었다. 하지만 나는 살며시 그의 등에 '치명적인 응급환자'라는 이름표를 붙여주었다.

며칠 전 재래시장에서였다. 길가에 주차한 내 차의 사이드미러를 깨 놓고 뒤도 돌아보지 않고 내 눈앞에서 도망쳐 버린 여자가 있었다. 그녀는 '은색과 흰색, 투톤의 SM5 ＊＊＊2, 여자, 교육청 쪽으로'라는 메모의 주인공이 되었다. 혹시 주차하기 어려워 그러나 싶어 유턴을 해올 충분한 시간 동안 기다려 보았지만 결국 실없이 웃고 말았다. 돈도 얼마 들지 않는데 그냥 수리해 버릴까. 메모지를 전해 준 가게아저씨 권유대로 경찰에 신고를 할까. 망설이다 결국 정비소로 향했다. 그녀의 부끄러운 뒤통수를 행여 잡아챌 수 있을까. 한동안 그 자리를 지나칠 때마다 내 눈은 자연스럽게 그곳에 주차한 차들을 훑어보았다.

그녀를 보고 싶다. 선글라스를 꼈던 것 같다고 전자대리점 아저씨는 말했었지. 진하게 화장을 하고 멋진 스카프를 휘날리며 신나게 달리던 길이었을까. 우연히 나와 마주치면 생뚱한 목소리로 "얼마면 되겠어요?"라고 한껏 교양 있는 척하며 엄지와 검지로 지갑을 꺼내 들지도 모르겠다. 하지만 화장으로도 야한 옷으로도 목소리의 기교로도 숨길 수 없는 자신의 등을 세상에 온전히 드러내고 말았다는 것을 그녀는 알까. 잘 숨었다고 여기겠지만, 자신의 꽁무니에 따라붙은 목격자들의 비난과 비웃음은 생각지 못한 것 같다. 도망친 그녀의 부끄러운 뒷모습이라니.

타인이었다. 병원의 그 남자도, 메모 속의 그 여자도. 내게는 한 번 보고 스쳐 지나간 사람이었다. 많은 사람의 등이 삶의 기쁨이나 일상의 고단함이나 철학적인 허허로움을 말하며 정답게 스러졌다면 그들의 등은 내게 익숙한 모습으로 남고 말았다. 버리고 싶은 뒤틀린 등을 가진 그들 뒤에 지켜보고 기억하는 타인의 눈길이 있음을 그들이 알아차릴 수 있을까.

나의 등은 어떤 모습일까. 당혹한 일이 생겨도 숨겨주지 못하는 등이 오늘따라 관심의 앞부분으로 나선다. 안쓰러워 쓰다듬어주고 싶은 등을 가진 사람들의 모습이 그 사진집 안에 있었다. 병원에서 본 그 남자와 빼소니를 친 그 여자에게 렌즈를 고정하고 싶어 하는 나의 심사를 내 등은 누군가에게 군소리처럼 알려줄지도 모르겠다. 하지만 남의 잘못에 집착하는 내 깐깐한 심사를 숨기지 못하는 내 등에게 어찌 불만을 말할 수 있으랴.

누구나 자신의 등을 보지 못한다. 거울에 비춰보는 등은 그것을 보려고 고개를 돌리는 순간 솔직함을 잃어버린다. 내가 나의 등을 본다는 의식이 스며드는 찰나에 나는 나의 뒷모습을 손질한다. 솔직하지 않게, 허술하지 않게, 약점에 덧칠을 하고 상처에 포장을 한다. 내가 점잖게 앞머리를 매만지는 시간에 등은 나의 동의 없이 내 모든 것을 주절대고 있다. 내가 허락하지 않아도 허용된 자유를 남들이 누린다.

누군가 내 등을 보고 있다.

화수분

비를 맞으며 산을 찾는 것은 운치 있는 일이다. 무상하지만 견고한 세월이 전설 하나 안고 있는 곳, 금정산 자락에 자리를 잡은 미륵사 경내는 정적만 흐른다. 우산을 타고 흐르는 빗물조차 차분하다.

좁은 계단을 올랐다. 한 사람의 몸피만큼만 채울 수 있는 계단의 폭은 추월을 허용하지 않는다. 난간이 없는 터라 누군가 옆으로 파고들다가는 추락을 자초하는 일이 되고 한꺼번에 내닫다가는 모두 다 함께 떨어지고 말 터이다. 하지만 차례차례 한 계단씩 밟아 올라가면 독성각 경건한 자리에 사이좋게 설 수 있게 된다. 마침내 한눈에 들어오는 속세의 거처들. 어울려 사는 모습이 아름답지 않은가.

쌀바위라 하였지. 계단의 중간 부분에 석간수가 솟아나는 사각형의 샘이 있다. 아득한 신라적 전설을 떠올리며 국자로 물을 떠 본다. 매일 아침 작은 바위 구멍에서 조금씩 쌀이 떨어져 스님이 이것을 모아 끼니를 이어갔다고 한다. 사미승이 한꺼번에 많은 쌀이 나오라고 작대기로 구멍을 쑤신 뒤로 쌀은 나오지 않았고 그 구멍에 물이 고이기 시작하여 샘이 되었다는 이야기다. 생을 이어갈 하루의 끼니만 허용한 바위라니 참으로 신령하지 않은가. 귓전을 때리는 풍경 소리에 문득 현실로 돌아온다. 화수분을 기대한 슬픈 욕심이 안타깝다.

누군들 노다지를 기대하지 않으랴. 소설가 전영택은 찢어지게 가난한 한 사내에게 화수분이라는 이름을 주었다. 소설의 플롯이나 그 사내의 운명 속에 그를 그렇게 이름 지을 단 하나의 단서도 없었건만 주인공에게 그런 화려한 이름을 준 것은 아이러니하다. 아마도 가난하였기에 자식과 아내를 안고 동사할 수밖에 없었던 그 슬픈 주인공의 바람이 화수분을 삿는 것이 아니었을까. 아니면 주인공에게 그런 미력한 방법으로나마 힘을 실어주고 싶었던 소설가의 배려였을까. 오늘 아침 뉴스에는 경마에 빠져 마권을 사기 위해 부모에게 범죄를 저지른 패륜아가 헤드라인을 장식했다. 화수분이란 이름을 그에게 붙여주면 좋아했을까.

국자에 담은 물을 풀 더미에 뿌려버렸다. 더욱 고개 숙이는 풀잎을 본다. 감질나게 하는 쌀바위의 보시에 혹시나 하여 구멍을 쑤신 사미승의 행동을 어찌 나무랄 것인가. 큰스님의 시선은 먼 피안을 보지만 속세에 머무르는 미욱한 산책객의 마음은 함께 구멍을 쑤시고 마는가 보다. 다람쥐 한 마리가 빈 나뭇가지를 타고 내려와 멀뚱히 나를 쳐다본다.

녀석은 이 겨울을 어찌 지내나. 나를 향한 녀석의 눈길이 마땅치 못한 듯하다. 어느 비구니의 글을 아직도 잊지 못한다. 겨울날 커다란 나무기둥의 구멍 속에 밤이 소복하게 있더란다. 좋아라하며 그것을 가져다 삶아서 나누어 먹었는데 다음날 절 방 축담에 다람쥐가 머리를 부딪쳐 죽어있었단다. 아차! 깨달은 스님은 그 다람쥐의 시신을 수습하고 명복을 빌어주었다는 내용이었지. 올가을 등산을 하면서 배낭 가득 불룩하게 밤이며 도토리를 챙겨 내려온 사람들은 작은 동물들의 먹이를 남겨두었을까. 실제 숲의 주인은 그들이지 싶은데.

인간의 탐욕은 가까운 곳에서만 볼 수 있는 것은 아니다. 근년에 파타고니아 지역에 사는 물개 이백여 마리가 떼죽음을 당한 채 리오 해안에 밀려왔다는 뉴스를 본 적이 있다. 동물들의 자살에 관심이 있던 차라 유심히 살펴보았는데 놀랍게도 굶어 죽었다는 것이 아닌가. 서식하는 구역 근처의 바다에 어종이 고갈되어 어미가 먼 바다로 나가 먹이를 구해 돌아오는 데 사흘씩이나 걸린다고 하였다. 빛나는 어업기술을 앞세워 근해의 먹이를 싹쓸이 해 버린 인간의 큰 손 때문이었다. 어미를 기다리는 새끼물개들의 힘없는 옹알이, 새끼에게 돌아가고자 물결을 타는 어미의 애타는 숨소리는 파도 속에 묻혔다. 지구 곳곳에 깃들어 사는 사람과 동물, 식물 모두가 그 지역의 주인이라 할 수 있건만, 고향에서 멀리 떠밀려 내려와 낯선 해변에 누운 그들의 주검을 우리는 어떤 눈으로 보아야 할까.

누가 마지막 남은 지구의 희망을 지킬 것인가. 물개의 죽음은 남극을 주목하게 한다. 지구상 최후의 생태계 보루는 남극이다. 국제사회가 남극조약이나 카밀라 협약을 통해 남극대륙과 주변 해역에 사는 생물을 보존하려고 하는 것은 그나마 다행스러운 일이다. 십팔 세기 이후 이백 년 이상 자행된 남획으로 멸종위기에 몰린 고래, 해표, 물개 등의 희생으로 얻은 값비싼 교훈 덕분이다. 하지만 아직도 아름다운 모피를 걸치려는 인간의 욕심을 위해 연간 수백만 마리의 동물이 도살되고, 시장에 가면 바다를 훑은 듯 어린 생선들이 무더기로 누운 좌판을 가끔 볼 수 있지 않은가.

인간이 이룩한 과학기술의 발전은 실로 놀랍다. 하지만 그것이 쌀바위를 쑤시는 작대기가 된다면 우리에게 다가올 미래는 어떤 것일까. 숲에서 하늘에서, 바다에서 살아가는 모든 생물에게 인간이 휘두르는 작대기는 수행의 그늘에 제대로 들지 못한 사미승의 손에 들린 불행을 부르는 도구가 된다. 화수분을 꿈꾸는 몰인정한 작대기는 '더불어'라는 이름으로 단죄되어야 한다. 보다 멀리, 보다 넓게, 보다 자애롭게 세상을 보는 지혜의 육환장을 우리는 꿈꾸어야 하리라.

화수분은 꾸지 말아야 할 꿈이거니. 화수분은 없다.

허리

허리에 탈이 자주 난다. 걸핏하면 문제가 생기는 부분인데도 운동을 하거나 일을 할 때 세심하게 신경 쓰는 일은 별로 없다. 작년에는 의사가 도움이 되는 스트레칭을 가르쳐주기도 하였지만, 재미가 없어 금세 그만두고 말았고, 이번에는 응급실에서 환자를 간호하면서 엎드려 눈을 붙이거나 의자를 서너 개 모아놓고 그 위에서 잠을 자는 바람에 내가 환자가 되고 말았다. 허리춤을 손으로 받치고 엉거주춤 서 있는 내 모습이 측은하다. 돌침대의 온도를 높여놓고 등허리를 깔고 누워 뉴스를 본다. 앵커 표정이 매우 흐림이다. '주식으로 빚을 진 사십 대 가장이 자살하다', '생계형 범죄가 늘어난다', '사십 대 채무자가 오십 대 채권자를……', 헤드라인을 훑어보니 사십 분 내내 암울할 것 같아 텔레비전을 끈다.

허리 인대가 늘어났다고 의사는 사 주 진단을 내렸다. 매일 물리치료실의 작은 침대에 엎드려 한 시간씩 근육을 달래야만 한단다. 근육을 톡톡 치며 저주파기가 뚜뚜 소리를 낸다. 규칙적으로 끊어지는 저 소리가 길게 울리면 나는 전자파의 파장 속에서 벗어날 수 있을 것이다. 탈이 심하게 나야만 제대로 대우를 받는 허리가 안쓰럽다. 몇 번이나 내게 힘들다고 신호를 보내왔건만 '이 정도야!' 하는 심정으로 무시하지 않았던가. 오늘 뉴스의 주인공이 된 이들도 처음부터 저렇게 심각하지는 않았겠지. 누군가 귀 기울여 주고 안타까운 심사를 헤아려 주었더라면 자포자기하여 성급하게 매듭을 자르지는 않았을 터인데…….

한쪽 볼을 바닥에 대고 무심한 기계음을 듣는다. '조심해 조심해' 하고 내게 주의를 촉구하는 것 같은 그 소리에 몰두하는 것 외에 내가 할 수 있는 일이란 없다. 목이 결리지 않도록 볼을 차례로 바꾸어 가며 바닥에 붙이고서 머리를 굴리다 보니 통증이 방사상으로 줄곧 퍼지는 허리가 생각의 중심에 선다. 조금 전에 진료실에서 본 골격과 근육 모형이 떠오른다. 머리가 가장 위에 있고 발이 바닥을 디디고 있으며 손이 주위 공간을 넓게 차지한다. 몸통도 가슴과 엉덩이 부분만 강조되어 있고 중요한 내장을 감싸고 있는 허리 부분은 참으로 빈약하였다. '허리가 어디냐'는 우스갯말이 있다. 눈길을 끄는 허리란 처녀애들로 붐비는 남포동 거리에서나 쉽게 찾을 수 있는 것인지도 모르겠다.

몽골고원에서 말을 타다 낙상하여 허리뼈가 부러진 적이 있다.

허리를 다치면 선이 큰 중요한 움직임은 중지할 수밖에 없다. 뼈가 붙을 때까지 방바닥에 착 붙어있어야 하는 고통을 누가 알까. 종일 자거나 텔레비전을 보는 것으로 소일하던 그때는 머리도 손도 발도 자신의 역할을 제대로 할 엄두를 내지 못하였다. 테니스에 몰두하다가 똑바로 설 수도 없을 정도로 근육에 무리가 가서 대학병원 신세를 졌던 일은 또 어떤가. 온몸에 테이핑 시술을 받아 미라 같다고 자조하던 그때에는 움직일 때의 고통은 둘째로 치고, 한동안 꼿꼿이 서서 세수하고, 매일같이 머리를 감겨달라고 부탁해야 하는 설움 또한 대단하였다. 한 발 뗄 때마다 번개처럼 뻗치는 통증 때문에 한쪽으로 기울어진 채 삐딱거리며 병원에 드나드는 비참함이라니. 오늘 뉴스에서 본 사건 속의 중년들이 건강하지 못한 허리를 대표하는 거로만 여겨진다.

자신의 목소리 내기에만 급급한 세상이 아닌가. 직장에선 구조조정의 밧줄이 정년이란 용어를 무색하게 한다. 집에선 남과 눈높이를 맞춘 소비수준을 누리기 위해 가장을 닦달한다. 신문의 정치면을 보아도 경제면을 보아도 움츠러드는 기사뿐이다. 어딜 가도 최고가 되지 않으면 길거리로 내몰리는 세상에서 우리 허리들은 곳곳이 쑤신다. 이쯤에서 중년이 담당한 역할의 막중함을 다시 한 번 깊이 생각해 보아야 하지 않을까. 연금 납부 기간에 바뀌는 정책 때문에 가늘어지고, 점점 오르는 온갖 보험수가 덕분에 더욱 가늘어지고, 새로운 직장을 찾아 헤매는 사이 모기 허리를 갖게 된 우리 이웃 가장들에게 눈길을 돌려 볼 일이다.

사회를 사람으로 본다면 머리 부분은 노령기의 사람들, 다리나 발 부분은 청소년들, 손 부분은 청년기의 사람들이지 싶다. 그렇다면 중년기의 가장들은 우리 사회의 허리라 할 수 있다. 강하고 굵고 탱탱할 뿐만 아니라 느티나무처럼 쭉 뻗어야 한다. 가늘고 쇠약한 허리라면 어찌 막중한 임무를 수행할 수 있을 것인가. 삶의 지혜를 담당하는 머리 부분이라 할 수 있는 노령인구를 떠받쳐야 하고, 살살거리고 다니는 꿈 많은 우리 아이들과 세계를 주무르는 청년들이 자유롭게 기개를 펼 수 있도록 중심을 잡아주는 건강한 허리이어야 하리라.

요즘은 '중년의 위기'라는 말을 자주 듣는다. '위기의 중년'이란 말이 더 적절한 것 같은데 두 용어 모두 뒷방에 물러나 사람들의 관심을 끌지 못할 정도로 상황이 호전되면 얼마나 좋을까. 사회에서 중추적인 역할을 해야 할 사람들이 더는 비틀거리지 않도록 모두가 온 마음을 모아야 할 때가 아닌가. 나라가, 친구들이, 가족들이 제 역할을 다하는 것이 처방이 되지 싶다. 더 좋은 집과 차, 밍크코트, 자녀 유학 자금 때문에 지금도 힘들어하는 가장의 숨통을 죄는 일은 얼마나 어리석은 일이랴.

아직도 허리는 잘록해야 대우를 받을 수 있다고 믿는가. 두드리고 문지르고 뒤틀고, 급기야는 원더우먼의 금속 허리띠 같은 거들로 옥죄는 고난을 허리에 안기고서 자신 있게 바깥으로 나서는 여성들이여. 허리의 속내를 들어보면 어떨는지. 모두 함께 가꾸어야 할 꿈은 가장의 실한 허리가 아니겠는가.

늙은 회화나무

목을 젖히고 올려다보았다. 나지막이 달린 연등들 틈새로라도 푸른 잎을 보고 싶었다. 절 마당 가운데 우뚝 선 회화나무는 내게 자신의 몸 아래 둥치만 보여주었다. 허리 아래에 화려한 연등의 바다를 걸친 거대한 나무둥치가 시무룩해 보이는 것은 무엇 때문일까. 석가탄신일이 며칠 남았건만 사람들은 벌써 연등으로 마당에 햇빛을 다 가려버렸다. 연등 그늘에 서서 저 위에 있을 회화나무의 푸른 그늘을 그려본다.

우연히 들른 사찰의 법당 옆 기둥에 기대어 생각에 잠긴다. 이 중에도 난타의 등이 있을까. 절절한 신심으로 머리카락을 팔아 기름을 산 여인, 밤이 지나고 먼동이 트기 시작했을 때 다른 사람들의 등불은 꺼졌지만, 난타의 등불은 더욱 밝게 타올랐다. 그리하여 가난한 여인의 초라한 등 하나가 해마다 연등을 밝히는 기원을 이루었다. 등은 탐욕과 어리석음을 없애고 다른 사람에게 자비를 베풀겠다는 뜻이 담겨있다고 한다. 등을 공양하는 진실한 마음과 일체중생을 먼저 구원하겠다는 그 숭고한 이타심으로 부처가 된 난타의 정성들이 오늘 이곳을 불국토로 만들어주고 있는 것이라 믿어도 좋을까.

내가 누구의 손을 잡기 위해서는
내 손이 빈손이어야 한다.

라고 시인은 노래했었지. 스님을 보고 두 손을 모으는 것은 스님이 걸친 값비싼 가사와 금으로 만든 제구의 번쩍임을 존경해서가 아니다. 내가 갖지 못하는 맑은 정신과 기운을 흠모하기 때문이다. 자신의 삶을 닦고 다듬는 청정한 수행심에 경의를 표함이다. 선승의 기운을 기대하는 신도들 앞에서 권력으로 자금으로 군림하는 스님은 관객이 많은 무대 위에 올라선 우스꽝스러운 광대에 불과하지 않을까. 법당 안을 밝히는 유난히 큰 등이 시선을 끈다. 난타는 초라한 등에 간절한 서원을 세웠지만, 법당 안에 작은 등을 열 개도 넘게 달 수 있는 너른 자리를 차지한 저 호화로운 거대한 등에 올린 서원은 어떤 것이었을까. 시인의 빈손은 어찌 기름을 사서 어두운 밤을 밝혀야 할까. 지금쯤은 신령해졌을 것만 같은 늙은 회화나무는 어쩌면 알고 있을 것만 같다.

"내 나이 천 년의 허리를 분질러 먹으려 하네. 남들이 그러더구먼. 오래 살았다고. 온갖 세상사 다 겪고 보면서도 이렇게 부처님

땅에 자리 잡은 것만으로도 참으로 무궁한 복덕이 아닌가 싶었어. 행복했었지. 예불하는 소리를 듣고 있노라면 수행이 이런 삶이지 싶었어. 그런데 세월은 가혹하였네. 내 그늘에서 신행하던 몇몇 승려들의 참혹한 현실을 들을 때마다 참으로 슬퍼져. 처음에는 그들도 그렇지 않았어. 퍼렇게 서원을 세우고 기상이 살아 있었지. 권력이니 돈이니 수행자에게 그건 독이야. 그 생각을 하면 부처님 오신 날이 아니라 부처님 우신 날이 맞을 것 같구먼."

회화나무 둥치를 통해 전해오는 두툴두툴한 촉감이 서럽다. 자신의 삶을 가치 있다 여겼기에 더욱 안타깝지 않았을까. 어제는 화투장을 쥐던 손, 억대의 판돈을 예사로 후리던 손, 유흥업소에서 팁을 던지던 손으로 오늘은 목탁을 두드리며 예불을 하고 공양을 올리며 신심 가득한 신도들의 합장에 답을 하는 일이 가당키나 한 일일까. 오염된 손을 소독해줄 데톨을 건네고 싶다. 다른 종교의 신도들과 이야기를 나누다 보면 스님들이 화제에 오를 때가 있다. 불미스러운 일로 뉴스에 오른 유명 스님이 아니더라도 줄줄이 성토되는 스님들의 어두운 그림자로 인해 속이 상한다. 사월초파일이면 정성껏 연등을 다는 내 손이 구차하게 여겨질 정도로 날선 비판이 이어지기도 한다.

충격도 자꾸 접하다 보면 그러려니 하게 되나 보다. 구석진 곳에 나무로 지어진 조그마한 건물이 눈길을 끈다. 위패를 판매하는 곳이다. '황금 위패'라. 참으로 뜻밖의 광경이다. 죽음과 삶을 초연하게 이끄는 부처님의 말씀은 어디서 찾을 수 있을까. 난타처럼 주변을 맴돌 수밖에 없는 가난한 이의 마음을 가차 없이 후벼 파는 황금이란 낱말은 차라리 폭력에 가깝지 않은가. 오래 보관할 수 있다거나 자손들의 정성이 더 커 보인다거니 하는 제작 상인들의 감언이설이 있었다 할지라도 왠지 눈 버렸다 싶은 것은 나만의 편협한 생각일까. 스님들 수행 뒷바라지도 하고 불쌍한 중생구제를 위한 사업도 할 것이니 필요한 일일 것이라 애써 생각을 돌려본다.

절 앞 대로에서 대규모 불교축제가 벌어지고 있었다. 여러 나라의 스님과 불교도들이 부스를 설치하고 자기 나라의 불교문화 알리기와 구호사업 동참을 호소하고 있었다. 그들의 맑은 눈빛이 내 시름을 부끄럽게 한다. 대만 스님들에게서 아리산 차 한 잔을 얻어 마시고 돌아서니 연꽃등 만들기 체험을 지도하는 우리나라 비구니 스님과 눈이 마주쳤다. 그분의 깨끗한 미소가 꾸중으로 들린다. '벼를 보지 않고 피만 보는구나. 자신의 불성을 찾으려 않고 남 탓만 하느냐?' 합장을 하고 부스를 나왔다.

멀리서나마 회화나무를 다시 보고 싶었다. 왠지 서글픈 모습일 것 같아 돌아볼 자신이 나지 않았다. 언젠가 가벼운 발걸음으로 다시 와서 그를 대면할 수 있겠지. 연등 하나 밝히지 못한 서글픔을 다독이며 빈손을 흔들었다.

미인이라 불러줄게

구석 쪽이다. 플래시가 자주 터지는 걸 보니 대단한 작품이 있나 보다. 바쁘게 발길을 옮겨간 그곳에서 나는 미인을 만났다. 초면이지만 보자마자 나는 그녀에게 '미인'이라 이름 붙이고 말았다. 그녀의 아름다움에 대한 처절한 열망을 보았기에 평소의 날 선 각을 누그러뜨리고 굳은 입술을 열어 조그맣게 불러주었다.

"너는 미인이야."

사선으로 하늘을 올려다보고 있는 조각상을 본다. 퀭한 눈빛에 초점을 맞출 수가 없다. 앞트임과 뒤트임 시술을 받아 길어진 눈가에 거멓게 스모키 화장을 하고 눈두덩은 자신의 열망을 표현하듯 퍼렇게 메웠다. 붉은색을 뺨에 칠하였으되 각이 진 볼이 깊게 패어 브이라인이 된 턱이 뾰족하다. 도톰하게 부풀려진 붉은 입술, 그 위로 오뚝하게 각진 서슬 푸른 콧날이 미간까지 쭉 뻗었다. 저 정도의 화장을 하려면 두어 시간은 족히 걸릴 터이지. 여러모로 신경을 쓴 흔적이 역력하다. 누렇게 염색한 금발은 사방으로 뻗쳐 등줄기를 덮고 있다. 뽀글거리는 머리카락 하나하나에 천박한 아름다움에 대한 그녀의 뿌리 깊은 열망들이 오글거린다. 내 앞에서 허리에 한 손을 얹고 멋진 포즈를 잡아보았지만 어쩌나. 호소하는 그녀의 짙은 눈빛을 외면하고 나는 선웃음을 날린다.

부산미술대전의 플래카드를 배경으로 그녀는 서 있었다. 발가벗은 몸을 관객들의 시선에 맡겨두고 태연한 척 공중을 쳐다보고 있는 미인을 찍느라 연신 셔터가 찍찍댔다. 하지만 어떤 관객도 그녀에게 동경, 애틋함이나 애정 같은 따뜻함을 갖지는 않는 듯하였다. 이런 누드 조각품 앞에서는 최소한 허용된 관음증에 감사하는 호기심 정도는 보여주는 게 예의이겠거늘 눈을 동그랗게 뜨고 마뜩잖은 표정으로 살피는 남자들에게서는 그것조차도 기대할 수 없었다. 괴기스럽지만 생명 없는 조각품이라 해서 나까지 염장을 지를 수는 없는 일이라 여겼기에 '미인'이라 불러주었던 것이다. 그러지 않으면 그녀의 눈두덩에 자리한 퍼런 색조들이 스르르 흘러내려 한스러운 눈물을 흘릴 것만 같아서…….

작가가 불러온 필리핀의 계단식 논들은 그녀의 갈비뼈에 자리 잡았다. 조물주가 찰흙을 길게 말아 빚었을 그 모양 그대로 적나라하게 음영을 내보인다. 비뚤어진 골반뼈는 당장에 카이로프라틱을 처방받아야 할 것 같은데 엉덩이뼈를 한쪽으로 내밀고 서서 한 손을 허리에 얹은 저 포즈는 뭐란 말인가. 할 말을 잃는다. 저 팔, 저 다리. 어디서 보았더라. 얼마 전에 정형외과에서 찍은 방사선 사진 속에서 본 그 모습이다. 자신을 감싼 주위의 조직을 모두 발라낸 발가벗은 뼈다귀에 불과한 숨기고 싶은 모습. 살피듬을 느낄 수 있는 곳은 가슴 부분인데 도두룩한 가슴이 마지막까지 여성성을 지켜내지 않을까 하는 희망을 조금이나마 남겨주어 다행스럽다. 바로크 시대와 르네상스 시대에 아름다움의 척도로 사랑받던 복숭앗빛 오동통한 살은 무슨 죄를 지었을까. 성형외과의의 날렵한 손길에 맡겨져 이리저리 옮겨져 조형을 만들어내는 질료로만 쓰이게 되지 않았나.

'마르다'는 말이 대접받는 시대다. 건강하면서도 균형 잡힌 아름다움이 아닌데도 말랐다는 데 의미를 두는 풍조는 왜일까. 예전에 말라 비틀어졌다는 말은 건강의 적신호이며 아름다움과는 거리가 먼 추함을 나타내는 용어였다. 다리가 꼬챙이처럼 말라서 바르게 걷기가 힘든 데도 다이어트 운운하는 아이들을 보면 내 자식이 아닌데도 한 마디 따끔하게 일러주고 싶다. 초미니스커트 아래 굴곡 없는 가느다란 다리를 다 내어놓고 앙상한 발에 킬힐을 신고 재주넘듯 걸어가는 아이들 뒤에 걸을 때는 나도 모르게 그 아이 대신 조심해 주는 나를 발견한다. 물론 그 아이가 내 마음을 눈치챈다면 주제넘은 이상한 아줌마라며 힐난하겠지만 말이지.

나도 처녀 시절에 하이힐을 즐겨 신었다. 하이힐을 신으면 쪽 뻗어 보이는 종아리 덕에 날씬하다는 말도 제법 들었었다. 앞으로 넘어지지 않으려고 허리를 뒤로 젖히고 걷게 되니 당당하고 자신감 있는 태도를 가졌다며 부가 점을 받았다. 자리에 앉으면 종아리가 길어진 셈이니 당연히 무릎을 모으고 허리를 세우고 앉게 되니 의젓해 보인다. 참하게 보인다고 점수를 더하였다. 하지만 의자 끝에 걸터앉아 등받이를 주위에 늘어선 호위병으로 만들고 말았으니 허리 병은 예약된 것이나 마찬가지였다. 허리에 가는 하중이 앉으나 서나 쌀가마를 지고 사는 격이었으니……. 뼈대가 앙상히 드러난 발에 신은 그녀의 빨간 하이힐이 또각또각 내게 이르는 소리를 듣는다. "너는 나의 아름다움을 찬양할 거야." 하지만 그녀의 과한 화장이 숨기고 있는 것은 불안이 아닐까. 관절과 뼈마디의 고통이 아닐까. 나아가 미디어가 주도하는 과도한 고통 동참에 당당하게 동조하지 않겠다고 주장하지 못한 자신에 대한 안쓰러움이 아닐까 싶다.

늘 발이, 허리가 참아줄 줄 알았다. 내 모습을 사회가 바라는 쪽으로 아름답게 꾸미는 것이 사회 속에서 살아가는 예의이거니 싶었는데 하이힐을 벗은 지 오랜 지금 디스크 탈출이라는 선고를 받고 말았다. 골격을 바로잡기 위해 추나 치료를 받을 때마다 발성 연습하듯 소리를 질러댔다. 걸을 때마다 또각거리는 소리가 자신의 뇌에 전달되어 뇌를 피곤하게 하고 머리를 나쁘게 한다는 말을 들은 적이 있었지만, 그 정도야 문제라고 생각하지도 않았다. 나도 또래 친구나 이성의 눈길에만 신경 쓰는 본능에 충실한 시기였으니. 살아보면 안다는 말이 그냥 수사인 줄 알았다. 그래도 그때는 미의 기본을 정하는 비율이 정상적인 삶을 위협하는 정도는 아니었다. 화장으로 병색을 감추어야 할 정도로 말라서는 안 되었다는 말이나. "한 번 보고 두 번 보고 자꾸만 보고 싶네." 신중현이 노래하던 '미인'은 결코 그런 모습은 아니었겠지.

그녀는 좌대 위에 당당히 서서 안쓰러운 내 눈빛을 무시한다. "미래는 내 시대가 될 거야." 너무도 거만하게 나를 보는 통에 나는 잠시 혼란에 빠진다. '너의 말이 맞을지도 몰라. 눈앞의 충격을 잊어버리고 나이 든 나조차도 매일 같이 살 빼기 알약을 삼키는 세월이 나를 기다리는 것은 아닐까.' 문득 거식증을 앓던 기괴한 소녀의 모습을 떠올린다. 세차게 고개를 가로젓는다. 조각가는 '미인'을 통해 세태를 세게 꼬집었지만 나는 내 손가락으로 내 정신을 꼬집어야 마땅할 것 같다.

여보세요

수런거리는 말소리도 우울한 장소가 입원대기실이 아닐까. 이곳에 누운 사람들은 삶과 죽음이 엇갈리기도 하는 응급실에서 올라온 사람들이었다. 고통이 자는 틈틈이 삶의 가치에 대해 다시 한 번 점검해보며 숙연해지는 환자들이었다. 문 쪽이 소란해졌다. 조금 전에 입실한 칠십 대의 노인이 사건의 중심에 있었다. "여보세요? 하나님, 살려주세요. 여보세요!" 지속해서 간병인을 밀치며 질러대는 비명은 귀를 막고 싶을 정도였다. 소리를 질러대는 그 노인에게 치매기가 있으리라 짐작하며 모두 긴 밤을 견뎌냈다.

도대체 어떤 사람이기에 그렇게 남 생각 않고 난리를 쳤을까. 이튿날, 오며 가며 노인의 침상을 흘깃거렸다. 노인은 식사 중이었다. 한마디 말도 없이 고분고분 밥숟갈을 받아먹으며 세상에서 가장 착한 환자가 되어 언제 그랬냐는 듯 시치미를 떼고 있었다. 의아해하는 내 눈빛을 보고 간호사가 귓속말로 일러준다. "아들이 왔대요." 간병인은 가고 노인의 아들이 수발을 들고 있었다. 노인의 부름에 대답해야 할 사람은 그의 아들이었나 보았다. "여보세요, 이것 보세요." 간밤에 노인 때문에 잠을 설쳤노라고 한마디 툴툴대려고 마음먹었던 이들도 함구하였다.

파래소 가는 길에 만났던 할머니가 떠오른다. 첫길이 아닌데도 배냇골에 들어서서 파래소로 들어가는 길목을 찾기가 힘이 들었다. 선리를 지나고서 더 내려가다 이건 아니라는 생각이 들었다. 마침 얌전하게 쪽을 찐 할머니 한 분이 돌담에 기대어 서 있었다. 길을 묻자 할머니는 먼데 살다 찾아온 자식을 반기듯 우리에게 한걸음에 다가오셨다. 그리고는 차 문을 잡고서 우리가 어디서 왜 왔는지 뭐 하는 사람들인지 자세히 물으신 다음 안내를 시작하셨다. 틈틈이 새는 발음으로 어디 만큼 잘못 왔는지, 왜 길이 변했는지, 어느 쪽 길이 나은지, 어디만큼 가다가 어느 쪽으로 휘어져 가야 하는지 한참을 설명하시는데 바쁜 마음이었지만 말씀을 끊기가 쉽지 않았다. 그저 '네, 네.' 하다가 할머니가 숨을 들이쉬는 사이 어느 정도 끝났다 싶어 시동을 걸었다. 그제야 차 문을 놓으며 한 마디 당부를 덧붙이신다. "여보소. 보는 사램마다 묻고 물어 가거래이."

가슴이 파래소 물색처럼 퍼렇게 시려 왔다. 아마도 그 말씀은 친정어머니처럼 우리를 걱정하는 다정한 당부이었을 것이다. 그러나 내게는 산골에서 외로이 하루를 견디는 노인들에게 말 한마디라도 제대로 건네면서 다녀가라는 말로 들렸다. 아니고서야 차문을 잡고 그렇게 길게 조곤조곤 말씀하실 리 없지 않겠는가.

실버타운이 인기였던 때가 있었다. 우리 부부도 시설이 좋은 실버타운에 들어가려면 어느 정도의 비용이 드는지 미래계획을 세워보기도 하였다. 하지만 가족들이나 젊은이, 아이들과 어울려 살 수 있는 환경에서도 실버타운으로 떠나는 노인이 과연 있을까. 우리 아파트에도 노부부나 노인 한 분이 집을 지키고 사는 세대가 제법 있다. 엘리베이터며 경비실, 놀이터에서 잠깐잠깐 경비원이나 동네 아이들과 인사를 나누고, 버스나 지하철에서 젊은이들과 부대끼며 사는 것이 실버타운의 안락한 생활보다 더욱 생기있고 자연스러운 것이라 여기기에 그분들이 이 도시의 복판을 떠나지 않으리라 짐작한다. 실버타운에는 우수한 의료진이 대기하고 있다지만 이웃들이 삶을 정리하는 모습을 늘 보게 된다면 어디에 삶의 꿈을 지을 것인가.

사람은 태어날 때 고고성으로 세상을 부른다. 울음소리에 불과하다고 느껴질지라도 그 소리는 어울려 함께 살아갈 수 있게 누군가 손 잡아달라는 첫 신청의 소리다. 청년기, 중년기를 거치는 동안 입원대기실의 그 할아버지와 배냇골의 그 할머니도 얼마나 많은 사람의 손을 잡아 주었을까. 노년이 된 지금 그들은 이제 소통을 신청하는 의미를 담아 손을 내민다.

'여보세요'라는 간단한 낱말에 절절한 소망을 담아 부르는 목소리는 가늘고 높다. 누군가 대답하지 않으면 절망의 나락으로 떨어져 삶을 포기해버릴 듯 위태로운 목소리, 그 부름에 기꺼이 대답하는 일은 젊은이들에게는 의무라 하는 것이 옳지 싶다.

팔순의 어머니는 시골에 혼자 계신다. 내가 세상에 신고식을 할 때 어머니는 내 손을 잡아 주셨고 내가 어미가 될 때도 내 손을 잡아주셨다. 직장 일 하는데 방해될까 봐 자식들 집에도 잘 다니지 않으시는 어머니. 안부 전화 드린 날이 언제였더라. 안경이 흐려질 것만 같다. 어머니도 마음속에 "여보세요"를 첩첩이 쌓아놓고 사실까.

"여보세요."

계면쩍은 내 목소리가 점차 윤기를 띤다.

사람새

독수리의 시선은 언제 보아도 꿈을 찾고 있는 것만 같다. 새는 날기 위해 발톱에 힘을 모은 채 고개를 치켜든다. 빳빳한 꽁지깃은 예민하게 떨리고, 부스스 일어서는 깃털 아래 불룩이는 갈망이 버거워 눈동자에 미세한 핏발이 선다. 텔레비전에서 독수리를 볼 때마다 범상치 않은 그 모습에 나도 모르게 선망의 눈길을 보낸다. 다른 동물들은 근접조차 할 수 없는 바위산 꼭대기에서 먼 계곡을 응시하는 그 고독한 생물체 위에 나는, 사람의 형상을 덧입힌다. 며칠 전에 사람새를 보았던 충격 때문인가 보다.

'부산의 마추픽추'라는 이름에 끌려 찾았던 감천 태극마을에서였다. 아미성당 맞은 편 이층집 난간에 이상한 새들이 줄지어 서 있었다. 몸은 독수리지만 머리는 사람 형상을 한 저것들은 뭘까. 비현실적인 모습이 놀라워 우두커니 쳐다보고 있으려니 집주인이 어느 미술가가 만든 조형물이라고 일러 주었다. 새가 된 사람, 사람이 된 새, 그들은 왜 저런 모양을 하여야만 했을까. 아득히 먼

곳을 보며 굳어있는 그들이 하고 싶은 말은 무엇일까. 이 마을은 6·25때 태극도 교도들이 이상향을 찾아 내려와 판자촌을 짓고 정착한 곳이라고 한다. 멀리 태극도 교당이 보인다. 사람새들은 그곳을 내려다보며 아직도 아득한 무지갯빛 세상을 사모하여 새가 되어버린 것일까.

마을이 형성된 지 무려 육십여 년, 몇 년간 깃들다가 내가 이곳을 떠난 지 삼십여 년이 흘렀다. 가파른 비탈길, 따개비처럼 붙은 판잣집, 미로형 골목길, 공동화장실, 쓰레기와 연탄재가 눈에 밟히던 이 동네에 살던 사람들은 아직도 그 집에 살고 있을까. 그 시절에 초임교사였던 나는 임무를 다하기 위해 비탈길을 헉헉대며 가정방문을 하러 다녔다. 돌아오는 길, 고개 위에 올라서면 발길이 절로 멎고, 막힌 가슴을 진정시키느라 멀리 감천 바다를 보며 숨을 조심스레 고르곤 하였다. 가난이 낯설지 않은 나였지만 아이의 튼 손을 잡은 내 빈손보다 마음이 더 춥던 그곳에서 사람새를 살핀다. 내 손길 거쳐 간 낯익은 얼굴 하나 찾을 수 있으려나. 그들에게 드리운 잿빛 구름의 그림자가 한없이 무겁다.

아직도 사람들은 비탈에 서 있다. 비탈길은 참으로 두려운 공간이다. 선배네 가족이 참변을 당한 이후로 한동안 악몽에 시달렸다. 브레이크가 풀려 굴러 내려오는 트럭은 가속도가 붙는데 부인과 돌잡이 아기가 그와 함께 웃고 있었다. 일렁이는 비탈길의 추격을 따돌리기 위해 노심초사하다 눈을 뜨면 베갯잇이 땀으로 흥건히 젖어 있던 시절이 까마득한데 그는 아직도 내 사진첩 속에서 웃고 있다. 내가 첫 발령지를 떠나며 이곳을 잊었던 것처럼 선배도 이제 비탈길을 벗어났을까. 철없는 아이가 공이라도 놓칠라치면 불규칙하게 튀면서 굴러 내려가 다른 이의 삶을 박살 낼 수 있는 길, 공이 아까워 몇 발자국 따라 뛰기라도 하다가는 피를 볼 수 있는 위험한 길에서 자동차도 비명을 질러댔다. 해안도로에서부터 편도1차선 도로를 타오르면서 씨름하듯 핸들을 밀어붙였더니 어깨가 뻐근하다. 차는 이제 경련을 멈췄지만 더운 콧김을 다 식히지 못하고 싸움소처럼 씩씩거린다.

옥녀봉 중턱을 가로질러 천마산으로 이어지는 산허리에서 마을은 레고블록처럼 다양한 색깔로 눈길을 끈다. 가까이 갈수록 화려함 뒤에 숨은 서러움이 드러나는 집들, 페인트 있는 만큼, 돈이 마련되는 만큼 칠해나간 알록달록한 집들이 종일 딴 세상 같은 아랫마을을 내려다본다. 중간색으로 품위 있게 차려입은 고층 아파트, 복잡한 상가와 활기차게 오가는 많은 사람, 죽죽 뻗어 나간 사 차선 도로, 반짝거리며 오가는 수많은 차를 보며 이 동네 집들은 무슨 생각을 하는지 궁금하다. 간혹 오가는 지역 주민들의 얼굴에는 별다른 표정이 없다. 애썼지만 소외될 수밖에 없었던 울분의 세월은 어쩌면 그들에게 체념이란 당의정을 처방했던 것일까. 이곳 사람들 모두 그 일시적인 약효의 편안함에 만족해 버리고 만 것일까.

좁은 골목길을 아슬아슬하게 걷는다. 휘어진 저 끝이 막다른 곳은 아닐까. 내 걱정을 비웃듯 모퉁이를 직각으로 돌아도 골목길은 이어진다. 골목에 면한 방문에 내 그림사라도 비칠까, 발걸음 소리가 집 주인의 생활에 방해가 되지나 않을까 조심조심 발을 내디뎠다. 아이들 몇몇이 좁은 골목에서 놀고 있다가 나를 보고 벽에 붙어 섰다. 우리 아파트 넓은 놀이터는 매일같이 졸고 있는데……. 지팡이를 짚고 몇 걸음마다 쉬어가며 올라오시는 할아버지를 보고 아이들은 또 놀이를 중단했다. 나는 아이들보다 더 바짝 옆집 창문에 붙어 섰다. 넓은 도로가 집 앞까지 깔려있는 평지에 사는 내가 그분의 통행에 불편하게 한다는 건 부끄러운 일이다. 고르지 못한 계단에 발목을 꺾은들, 한 단계 아랫길에 있는 나지막한 공동변소 위로 추락을 한들 어둠 속에서라도 계속 가지 않으면 무슨 도리가 있을까. 또 위급한 환자라 한들 무슨 방법이 있을까. 골목길을 걸으며 곳곳에 어두운 삶의 전개도를 펼쳐본다. 거기에 패인 허방들이 내 눈앞에서 두더지 놀음을 한다.

녹슨 자물쇠가 잘 열릴까. 썩은 모서리 위에 페인트가 들떠있는 작은 나무문으로 가려진 공간은 공동변소다. 부식해가는 모습과 화려한 색채는 사진작가의 렌즈를 만족하게 할 수는 있겠지만, 그 은밀한 장소는 다 부서져 가는 문짝 하나로 길을 보며 서 있다. 이런 곳에서라면 매일 해야 하는 일이 커다란 근심의 하나가 되지 싶다. 소리마저 조심스러워 에티켓 벨을 설치하고, 그림을 걸고 음악까지 틀어 화장실에서조차 아늑함을 즐기려고 하는 문명의 시대가 아닌가. 허술한 문밖에 누가 기다리고 있지나 않나 문틈으로 살펴야 하겠지. 급할 때도 줄을 서서 문을 지켜보며 발을 동동 굴러야 하겠지. 개인의 프라이버시를 존중해야 한다고 배웠건만 쉽지 않은 현실이 맵기만 하다. 단지 구시대의 흔적으로 남아있는 곳이길 바라며 시선을 돌린다.

생소함 때문일까. 알록달록한 색감 덕분일까. 사람들은 이곳을 한국의 산토리니라고 추켜세운다. 국제슬로시티연맹의 저명한 인사가 이곳을 멋진 슬로우 라이프가 숨 쉬고 있는 곳이라 감탄했다고 한다. 몸이 아파도 큰길까지 꾸불텅꾸불텅 업혀 가거나 지팡이에 의지해 한 발 한 발 몸을 끌고 나갈 수밖에 없는 곳이니 슬로우는 맞는 것 같다. 하지만 염천에 절절 끓는 골목길을 끝없이 걸어야만 하고, 마을 안에서는 길에 내어놓은 서너 개의 고추 화분에서나 초록을 볼 수 있는 곳, 그의 낭만적인 헌사는 뭐란 말인가. 슬로우 슬로우로 화살표를 따라 골목을 헤매는데 앞에서 할머니 한 분이 기우뚱대며 걸어오셨다. 길을 물었더니 곱지 못한 눈길로 대뜸 "뭐 볼 꺼 있따꼬 와 싼노? 씰데없이 찍어 쌌고." 라며 혀를 차셨다. 얼른 카메라를 가방 속에 감추고 말았다.

서러운 섬이 되었다. '문화마을'이란 이름만의 호사가 기꺼울까. 육칠십 년대의 현장을 보존하려는 것은 아닐 터이지만, 발전을 거듭한 서쪽 도심과 이쪽 해안 지역을 보며 외로이 소외된 세월이 그 얼마인가. 사람들은 놀라움과 호기심을 안고 태극마을을 찾아와서는 그들과 다름을 즐기다 간다. 카메라 렌즈를 들이대고는 빨래며 낡은 고무신을 찍어대는 그들 때문에 살기 더 힘들다는 할머니의 푸념이 어깨에 매달려 지루한 골목길을 함께 걷는다. 다시 사람새 앞에 섰다. 빈터에 쌓인 연탄재를 툭툭 발로 건드려보며 물음표를 던진다. 태엽을 감지 않아 멈춰버린 시계에 녹이 슬고, 잡풀이 뿌리를 내려 꼼짝없이 얽혀버린 곳 태극마을, 솜씨 좋은 수리공은 어디서 찾을 수 있을까.

새는 오래전부터 날고 싶어 하였겠지. 날개를 활짝 펼치고 산언덕에서 유유히 아랫동네로 날아가 함께 어울릴 날을 기다렸을 터이다. 날이 갈수록 더 멀어지는 무지갯빛 세상, 감천 태극마을에서 사람새들이 망부석이 되기 전에 전설 속의 전령이라도 깨워야 할까. 그들이 제대로 나는 모습을 보고 싶다.

매니큐어

마침표

고인은 국화꽃에 둘러싸여 있다. 하얀 국화나 백합 일색이던 화환에 고명처럼 극락조나 글라디올러스가 얹혀 그나마 생기를 더하고 있다. 생전에 누가 이토록 많은 꽃 선물을 받을 수 있겠는가. 흑백으로 현상한 사진 속의 그는 마치 영화배우처럼 잘 생겼다. 배경에서 내리는 음영이 얼굴의 윤곽을 훨씬 뚜렷하게 살리고 일부분은 사진사의 정교한 손에 의해 수정되어 사람들의 마음에 좋은 인상을 심는다.

술을 따르고 절을 하였다. 내가 올리는 술 한 잔이 우리 매장에서 일하는 직원의 아버지인 그에게 보내는 나의 마지막 인사가 된다. 한 잔 술로 눈도장을 찍은 나를 보고 그가 웃고 있다. 마음 속에 두었던 이야기들을 눈길에 실어 보내고 명복을 빌었다. 아무 걱정하지 말고 떠나시라며 축원하고 돌아서면 그 순간 내 가슴 속에는 마침표 하나가 찍힌다. 그것으로 모든 게 끝은 아니지만 일단은 하나의 마무리가 되는 셈인데 모든 것은 그 마침표에

농축되어 저장된다.

그가 낯설지 않다. 일면식도 없지만 모든 것을 정리하고 편안한 웃음을 지으며 앉아있는 그에게서 해탈의 자유로움이 느껴진다. 유족들은 표정이 없다. 몇몇 되지 않는 조문객들만 썰렁한 빈소를 지키고 있다. 유명을 달리하고서야 대면한 내가 찍은 마침표에는 망자의 명복을 비는 기원과 남겨진 자손들을 위로하고 힘이 되어주겠다는 무언의 약속이 들어있다. 오늘 내가 할 일이란 늦은 시각까지 이곳을 지켜주는 것 하나면 되리라. 내가 차지한 자리를 비우지 않음으로써 빈소의 쓸쓸함을 조금이라도 덜어줄 수 있을 거라는 바람으로 혼자 앉아 입술을 축였다.

내일은 화장막의 불길 아래서 한 줌의 재로 돌아갈 사람, 그가 깃들 새로운 집이 정해졌다. 청색의 대리석 유골함에 넣어져 납골당에 모실 것이라고 하였다. 동그란 유골함은 그가 찍을 마지막 둥근 마침표다. 그를 사랑했던 이들에게 그는 동그랗고 파란 마침표로 기억될 것이다. 유족들은 유골함을 고르는 데 또 한 번의 선택을 해야 하지만 그것에 붙은 가격표에 따라 명부에서의 안락함이 약속되지는 않을 것이다. 몸체도 버린 마당에 옹기나 인조대리석, 진짜 대리석이 무슨 차이가 있으랴. 납골당에 모셔진 항아리 속에서 내 집이 호화주택이니 너의 집은 누옥이니 하는 자랑은 없으리라.

납골당이 호화로워지고 있다. 남겨진 이들이 갖게 될지도 모르는 마음의 상처에 대한 배려 때문일까. 가는 이에 대한 의무감과 미안한 마음들 때문일까. 아니면 돈을 따져가며 흥정하는 것을 부끄러워하는 양반입네 하는 우리 문화의 서글픈 이면 때문일까. 남 앞에 내보이기 좋아하는 이들의 허영을 채우기 위해 장의사는 유가족의 손을 호화주택 쪽으로 이끈다. 선택된 유골함에는 자손들의 짙은 회한이 함께 담길 것이다. 못다 한 효도들이 허리춤에서 나와 마침표를 완성한다.

사람들은 떠나기 전에 마지막 마침표를 찍기 위해 온 힘을 모은다. 심각한 병세의 환자가 잠시 호전되었다가 악화되어 명을 잇지 못하는 경우가 그런 경우에 속하지 않을까. 남은 이들의 가슴 속에 제대로 된 마침표를 찍어줄 시간이 필요하다. 혹 그런 시간을 갖지 못하고 비명횡사를 하는 경우에는 남은 이들의 가슴에 화인처럼 파열된 거친 마침표가 자리를 잡게 된다. 슬픔을 갈무리할 수 있도록 면역력을 가진 정리된 마침표가 들어서지 못한 까닭에 그들은 내내 가슴앓이를 할 수밖에 없다.

마침표를 좋아한다. 메일을 쓸 때에도 짧게 끊어지는 건조한 문장의 끝부분에 마침표를 꼭 찍는다. 그러다 보니 대여섯 줄의 짧은 편지를 쓰는 데도 그 수는 열 개에 근접한다. 딱 부러지게 마무리가 되는 것을 좋아하기 때문인데 며칠 전에 은사님으로부터 내 글이 너무 사무적이고 딱딱하다는 충고를 들었다. 그 뒤로 당분간 말줄임표나 호호호 등의 낱말을 섞어 쓰기도 하였는데 남의 옷 입은 것 같아 그만두고 말았다.

내가 클 때는 마침표로만 배웠던 문장부호가 몇 년 전부터 온점이라는 이름으로 불린다. 온전하게 끝을 맺는다는 뜻이리라. 쉼표로 불리던 반점이 한 개의 꼬리를 가진 것에 비해 그 한 개의 꼬리조차 잘라버리고 흠 하나 없이 둥근 모습으로 온전한 형태를 갖추었기에 온점이라 불릴 만하다. 그러고 보면 제대로 된 마침표는 둥글고 빈틈없이 칠하여 보는 이의 눈길을 끌면서도 시선을 넘치게 끌어 글을 읽어나가는 데 방해가 되지 않도록 정성껏 찍어야 하지 않을까. 원하는 방향으로만 삶이 전개되는 것은 아닐 터이다. 하지만 자신이 차지하는 마지막 집만큼은 충만한 기쁨으로 채웠노라고 말할 수 있어야 하지 않겠는가.

정 선생님은 늘 정리하며 살아야 한다고 말씀하신다. 그는 언제 어떤 일이 있어도 이 세상을 떠나는 자리에서 부끄럼 없고 정갈할 수 있도록 몸차림이며 중요한 내용 기록이며 자손에 대한 당부 말씀까지도 정리하여 갖추고 계신다. 삶의 유한함을 알고 살아가는 우리가 새겨 보아야 할 본보기임이 틀림없다. 삶에 대해 그토록 진지한 자세를 지녔다면 그의 생활이 얼마나 단정할지는 짐작할 수 있지 않은가.

오늘도 메일을 쓴다. 마침표를 찍기 싫은 메일이 있다. 시간만 허락한다면 더 쓰고 싶은 경우이다. 그럴 때 나는 끝부분에 말줄임표를 쓰거나 비워둘 수 있다. 하지만 습관처럼 마침표를 찍는다. 맺고 끊음은 분명히 할수록 좋지 않겠는가. 군더더기 없이 단정하고 원만한 모양의 문장부호에 마음을 싣는다. 오늘 찍는 마침표의 무게가 천근처럼 느껴지는 것은 왜일까. 천천히 키를 누른다.

A Period

Translated by Cho, Su-jin

Written by Song, Myeong-hwa

The deceased is surrounded by chrysanthemum blossoms. Monotony of a wreath, composed solely of the white chrysanthemums and lilies has been relieved somewhat by bird of paradise flower and gladiola, put on it like the garnishes. Who would have imagined one would have so many flowers in one's lifetime? The deceased, whose face still survives in the black-and-white photograph, is as handsome as an actor. Background contrast really brings out the contour of his face, some parts of his picture retouched by the meticulous hands of the photographers to leave good impression to others.

I pour a drink with a deep bow. This is my final goodbye to the deceased, who was a father of one of the employees at our store. He is smiling at me who had just said hello to him with a glass of rice wine. In one look, I convey all the stories that had been stored up in my heart, wishing him all the blessing in the underworld. As I turn my back after I wish him to leave this world, telling him to leave all the worries behind, there is a period. While that by no means signals an end to all things but, for the time being, it does bring all to a kind of finish, their essence distilled and stored in it.

His face does not seem unfamiliar. Even though I have not known him at all, I could feel the sense of freedom in his face, who is sitting there with a comfortable smile after having had come to terms with life. Family members stay there expressionless. Only a few visitors had come to stay at the cold and empty funcral home. In a periods which I had written, done only after his death, there are unspoken promises, asking for a blessing to the deceased, and to comfort and strengthen those who are left behind. Perhaps the only thing I could do would be to stay here till the late hours. I sipped a glass of rice wine alone, hoping I might be able to lessen the emptiness there by my stay.

A new resting place was chosen for a man who by the next day would turn to ashes under the flame of the furnace. They told me that they will put the remains in a blue porcelain urn and put in a charnel house. For those who loved him, he would be remembered as a round, blue period. Surviving family members would have to make yet another decision on what urn they should buy, but a price tag attached to it would not guarantee the comfort in the underworld. What difference would it make if it were pottery, white ceramic inlaid with gold or lacquerware inlaid with mother of pearl, if there is no body in the first place. Perhaps none of the dead would boast about whether their homes are luxurious, or look down on those of others as being poor.

Charnel houses are getting more and more luxurious. Is it out of consideration for the possible pain of those staying behind? Or is it because of the senses of obligation and guilt for the dead? Or is it because the sad facet of our gentleman culture where we feel ashamed to haggle over a price? Undertakers make the surviving family members to choose luxurious homes to gratify the vanity of those who want to show off their wealth. In the urns so chosen would contain a bitter sense of regret felt by children, together with the bones of their parents. All the filial duties that children could not perform come out of their pockets and complete the period.

People muster all their strengths to bring their lives to close before they depart from this world. Would not it be a case for those with serious medical conditions who after brief moment of recovery failed to hold on to their lives when their conditions worsened? There must be enough time for a proper period to be inscribed in the hearts of those who remain. When someone dies suddenly, those left behind would have the rough, broken periods would be inscribed into their hearts as if they had been branded. There could only be a heartbreak for the living because they did not have the proper periods that have immune systems, which in turn would have enabled them to come to terms with their grief.

I like using the periods. I always use them at the end of short, dry sentences. So even in a short letter, it numbers almost to ten. It was because I want to make the definite conclusions.

My former teacher told me that my writings were too dry and hard. For some time since then, I tried to blend the words such as the ellipses or hohohos together with my own way of writing, but I stopped doing it because I felt as if I were in a borrowed robe.

For the last few years, the word that I have known only as a period when I was growing up is called a full stop. What this full stop mean must be that it has to come to a finish with everything intact. It is a full stop because it has gotten rid of a tail that it had when it was a comma. A proper period must then be used with care, attracting the attention of others while at the same time be careful not to interfere with the reading by making itself too conspicuous. Of course we cannot always have our own ways in life. However, should we not at least be able to say that we have filled our final resting place with profound joy?

Dr. Jung, my senior during my college days, say that we should always put our lives in order. He got his act together, from the attire to the important records of his life, to the words of advice for his children. It is an example that we should look up to, we who know that life is short. One could see how neat his life would be if he is so serious about it.

Today, too, as usual, I write an email. There are those mails where I do not want to use a period. This happens when I would rather continue if only I were given more time. In such a case, I may choose to use an ellipsis or just leave it blank. I, however, use a period. Would it not be better if there is a definite conclusion? I pour my heart into the neat, round punctuation mark. Why do I feel that the weight of this period that I write today bearing down on me like a lead? I slowly press the key.

매니큐어

밤새 생명수라도 뽑아 올린 것일까. 교육대학 운동장 가장자리를 따라 걷다가 반가운 손님을 만났다. 앙상한 줄기 끝에 피어난 개나리 꽃봉오리가 기특하다. 툭 치면 세월의 먼지라도 피어오를 듯 건조한 날씨가 아닌가. 입춘이 아직 먼데 봄을 기다리는 마음이 나처럼 절실했을까. 내일은 또 추워진다는데……. 헝클어진 덤불 속에서 메마른 가지와 물오른 꽃봉오리가 묘하게 어울린다. 예상치 못한 설렘이 발길을 잡는다. 어디서 보았더라. 벤치에 앉아 사진 한 장을 휴대폰 화면으로 불러낸다.

할머니의 여윈 손등에 뼈대가 유난하다. 접히고 주름진 살갗 아래 두드러진 관절이 아프게 다가들고 구부러진 긴 손가락 사이마다 세월이 일렁인다. 활짝 펴서 앞으로 내민 손이 화면에 가득 차 있다. 흡사 나뭇가지 같은 손가락 끝에 꽃이 피었다. 뒤틀어진 손톱에 화려한 매니큐어가 이채롭다. 신나는 노래도, 야릇한 벨리댄스도, 기이한 마술까지도 할머니께 웃음을 드리지 못했는데, 그분은 매니큐어를 보여주며 웃으셨지. 그것이 잃어버린 여성성에 대한 향수를 불러일으켰던 것일까. 평해에서 돌아온 뒤 열흘이 지났건만 상념은 그곳의 황량한 뜰과 작은 창에 머물러 있다.

문학 행사의 마지막 프로그램은 요양원 위문이었다. 전국에서 모인 작가들이지만 한마음으로 뭉쳐 노래방에서 공연을 연습했다. 가족이 있는 분이 반 정도이고 나머지는 행려자들이라는 사전 지식을 얻었지만 모두 치매 환자라는 말에는 신경을 쓰지 못하였다. 치매는 텔레비전 프로그램이나 이웃이 전해주는 이야기 속에서만 존재하는 생소한 것이었는데……. 짐작하지 못한 상황이었다. 한 작가가 목청껏 노래를 하고 다른 작가들이 덩실덩실 춤을 추고 있을 때 관객들은 휠체어에 앉아 멍하니 별 반응이 없었다. 간호사의 독려에 마지못해 손을 마주치기도 하지만 허무한 흉내일 따름인 것을. 먹먹한 가슴을 다독이다가 문득 돌아가신 아버지 생각에 눈물이 솟았다. 삶의 끝이 이래도 되는 것인가.

눈물을 찍어내려 고개를 돌리는데 한 할머니의 손이 눈에 들어왔다. 화려한 매니큐어가 생소하였다. 따뜻한 내 손으로 냉기가 도는 할머니의 손을 꼭꼭 잡아드리고 예쁘다고 말씀드렸더니 두 손을 펴서 보여주셨다. 사진을 찍어드리니 좋아하셨다. 알록달록 멋을 낸 매니큐어가 할머니에게 생기를 주는 단 하나의 치장이었다. 자신의 삶이 이래저래 했다고 말씀하실 수라도 있다면 좋으련만. 언어조차도 잊어가는 할머니에게 기쁨을 준 누군가의 배려가 내 눈물을 긋는다. 살아있음의 증거라 할 수 있는 모든 욕망을 대리하였을 손은 이제 쉬고 있다. 손으로 했던 모든 일을 남의 손에 맡기고만 지금 할머니의 손은 액자 속의 정물처럼 할 일이 없지만 반짝거리는 매니큐어는 할머니의 소망을 지탱하는 길잡이별이 되었나.

동해안에 위치한 외진 요양원은 쓸쓸한 곳이었다. 몇 안 되는 직원들은 열악한 재정 속에 씻기고 먹이는 일에도 지칠 지경이지만 온화한 웃음을 잃지 않았다. 어느 날 시간을 내어 할머니의 손톱에 곱게 수놓아드린 사람은 누구였을까. 삶에 쫓겨 돌보지 못한 그리움들을 어루만져주던 그분의 손끝에도 그날 함께 매니큐어가 칠해졌을까. 그분의 마음에도 할머니와 함께 소망의 꽃이 피어났을까. 그리워해야 내일을 살 수 있음을 아는 사람들은 별을 품은 개나리를 닮은 이들이다. 내 손을 맞잡아본다.

게으른 주인을 만나 호사를 부려보지 못한 밋밋한 손톱이 고개를 든다. 하긴 손톱도 바짝 잘라야 편하니 작달막한 손톱에 치장을 한들 멋이 날 리도 없었으리라. 시장 입구 네일숍에는 늘 손님이 있던데 내게는 상관없는 곳이라 지나칠 따름이었다. 언젠가 남 따라 약지와 소지에 발라보았는데 다 지워지는데 보름 넘게 걸렸다. 보기 흉해서 안 바르는 것보다 못하다고 친구에게 퉁을 듣기도 하였으니 오히려 손톱에 미안해해야 할 일이 되고 말았다. 내겐 시간 낭비이며 내면의 초라함을 가리는 장치가 아닌가. 손톱을 잘 꾸민 여성을 보면 저렇게 해서 일은 어떻게 하는지 혀를 차는 실정이니 사실 매니큐어에 의미를 부여하는 건 내게 있어 뜻밖의 일이 된다.

겨울에도 개나리 줄기가 살아있는지 의심스러운 적이 있었다. 줄기를 꺾어 껍질을 벗겨보니 얇은 포장지처럼 빠삭거렸다. 더 궁금해져서 아예 분질러보았더니 목질부에 어린 연한 습기가 나의 괜한 궁금증을 질책했다. 봄꽃 중에 노란 꽃이 유난히 많은 것을 보면 노랑은 생명의 색이라 해도 될까. 노란 원생복을 입고 줄지어 봄나들이를 가는 유치원 아이들 모습을 보며 줄기에 줄줄이 달린 개나리꽃들 같다는 생각을 한 적도 있다. 내가 보는 개나리 꽃봉오리가 할머니의 매니큐어 바른 손톱과 꼭 닮았다. 매니큐어는 할머니 마음에 작은 울림을 만드는 옹달우물이 되고, 비어버린 동공에 찰나의 기쁨을 떠올려 주는 불쏘시개가 되었다.

가는 붓에 물감을 찍어 슬쩍 찍기만 해도 표현될 꽃봉오리가 벌면 지상에 별들이 반짝이고 사람들은 봄기운에 들떠 행복해질 터이지. 겨울을 인내한 초라한 개나리 덤불에 꽃등이 켜지고 살아 있는 것들은 크게 기지개를 켜고……. 메마른 줄기에 초록 물이 돌고 꽃이, 잎이 연달아 피어날 풍요로운 봄은 작은 꽃봉오리로부터 시작되는 것인가. 꽃만 볼 수는 없는 일이다. 거친 가지 속을 훑고 다니는 생명의 물을 떠올리지 못한다면 제대로 본 것이라 할 수 없을 것을. 휴대폰 수첩에 아름다운 것들에 대해 정리하고 있다. 매니큐어에 인색한 내 평가를 지우고 치매 할머니의 매니큐어를 목록에 올린다.

마른 가지 끝 꽃눈이 노란 매니큐어를 바르고 봄을 부른다. 할머니의 매니큐어가 매니 케어를 불러올 수 있다면 얼마나 좋을까. 요양원 할머니들의 손톱마다 발룬티어의 정성이 개나리꽃처럼 만발하는 봄날이 되면 나도 매니큐어를 칠해보고 싶다.

기차를 기다리며

길에 내놓은 화분에 물을 한 바가지씩 퍼붓는다. 폭염이다. 햇빛의 앙살에 세상이 하얗게 질렸다. 상수리나무의 커다란 잎이 마포처럼 말리고, 무심코 건드린 쇠난간이 뜨거워 엄마 등허리에서 아기가 자지러진다. 8차선 도로에 차량은 드문드문, 도로변엔 행인 너덧이 고작이다. 도심 빌딩 사이에 서서 휴대폰에 뜬 폭염주의보를 물끄러미 본다. 메르스에 이은 강적이 아닌가. 문득 고가철도를 올려다본다. 화물열차가 열심히 제 길을 간다. 살바도르 달리가 곳곳에 펼쳐놓은 '녹아내리는 시계'의 엉덩이를 걷어차고 싶은 오후에 기차가 추억을 부른다.

방학이 아니라면 오늘도 기차를 탔겠지. 쉰을 넘기고 토요일마다 KTX를 타게 되었다. 새벽부터 부산한 부산역에서 피곤한 눈두덩을 손가락 끝으로 두드려가며 좌석 번호를 확인하고 짐을 올린다. 선반을 내리고 책을 올린다. 좌석에 몸을 기대고 객실 안을 훑어본다. 어묵으로 간단하게 아침을 때운다. 학우들과 함께 하는 대학원 등굣길이지만 마음이 가볍지 않은 것은 논문에 대한 부담감 때문이지 않을까. 날렵한 몸매, 나는 듯한 속도감, 위생적인 내부, 공손하게 인사하는 승무원, 조용한 승객들, 그 속에서 우리는 노트북을 꺼내고, 책도 읽는다. 밤이면 다시 기차에서 내려 무심하게 역을 나선다. 무거운 꿈을 싣고 달리는 녀석에게 나는 늘 피곤하다 아우성친다.

삶의 마디마다 생각나는 기차여행은 누구에게나 있지 않을까. 사십 대의 대한민국 엄마, 폭염을 견디고 맹렬하게 걸었다. 초등학교 졸업을 앞둔 아들 녀석을 데리고 유럽으로 떠났던 적이 있다. 지도 하나 의지해서 기차 타고, 버스 타고, 온 도시를 누비고 다녔다. 거미줄처럼 얽힌 파리의 지하철에서 사람 사는 모습을 보았다. 두려운 줄도 모르고 자정까지 강행군하며 샅샅이 훑던 열정은 엄마여서 가능했을 터이다. 낯선 곳에서 아들에게 힘이 되어 줄 사람은 나 하나뿐이었다. 조금이라도 틈이 생기면 낭패를 볼 것 같던 그때 내게 남은 것은 용기와 엄마라는 이름이었던 것 같다. 두렵기도 했지만 두려워할 수 없었던 나에게 아들은 나보다 더 큰 배낭을 메고도 항상 씩씩하였었지.

열 시간씩 밤을 달려 동터오는 아침을 다른 도시에서 맞으며 여수에 잠겼던 때도 있었다. 일본 배낭여행을 챙긴 것은 삼십 대 주부의 활기였다. 고만고만한 낮은 채도의 건물들이 단정하게 어우러진 모습 너머 펼쳐진 아침노을을 보며 차창에 머리를 기대고

고국에 두고 온 사람들을 떠올렸다. 밤새 있는 옷 다 겹쳐 입고 그 위에 비옷까지 겹쳐 입고도 에어컨 바람에 덜덜 떨며 깨어난 아침에 도시락으로 허기를 감싸면서도 오늘은 어떤 경험을 할지 설레었다. 유난히 추웠던 그 기차에서 왜 우리는 춥다고 승무원에게 말하지 못했을까. 일본 열도를 반이나 돌던 그 여름에 통역을 맡았던 희자 언니는 지금 무얼 할까. 그 시간을 함께한 친구들은 세월의 파도에 밀려 모두 잠수 타는 중이지만 내 삶에 고운 무늬로 남아있다.

교사로 발령을 받고 처음 맞은 여름방학에 친구들 여섯이 밤기차를 탔던 적도 있다. 아마도 이십 대의 초입이지 싶다. 무려 열한 시간을 달려 도착한 목포에서 여객선을 타고 홍도로 가는 일정이었다. 객실은 젊은이들로 만원이었다. 밤샘 여행을 즐기는 우리는 부산 사람이라는 공감대로 여행 내내 즐거운 동행이 되었다. 홍도로 지리산으로 조계산으로 둘러 오면서 우리를 실어 나른 완행기차 통일호는 이제 역사 속으로 사라졌다. 역 광장에 퍼질러 앉아 공공칠 게임을 즐기던 우리는 자신감 넘치는 자유로운 영혼이었다. 아직도 우리는 서로를 그 나이로 마주 본다.

기차가 속력을 올릴수록 나도 나이를 먹었지만 내 마음속 기차의 자리는 좁아졌다. 속력과 머무는 시간의 관계처럼 속력과 낭만도 반비례하는 것인가. 멀리 산모롱이를 돌아가는 고풍스러운 뒷모습 하나만으로도 가슴 뛰게 하던 옛 모습은 박물관에서나 볼 수 있게 되었지만, 아직도 '기차' 하면 예스러운 그 모습을 떠올리는 것은 내가 시골 출신이기 때문일까. 나이 들수록 시간 체감 속도는 빨라지겠지만, 이제는 느긋하게 거북이 기차를 타고 싶다. 조수미의 목소리로 내가 좋아하는 노래, '기차는 여덟 시에 떠나네'를 들으면 어김없이 떠오르는 장면이 있다.

기차를 향해 머리카락을 날리며 뛰어가는 초등학생들의 모습이다. 남해초등학교의 그해 수학여행지는 구례 화엄사였다. 바나 건너 버스 타고 기차 타고……. 차창을 올리고 바람을 맞으며 뽀빠이를 나누어 먹던 그 아이들은 다 어디에 있을까. 선생님의 물눈총에 힘입어 장난기 많은 녀석은 엉덩이를 들썩거리고, 친구들과 밤을 함께 보낼 기대로 쉴 새 없이 조잘거리다가도 터널만 나오면 목이 터지라 교가를 합창하였다. 느리게 가는 차창 너머로 육지의 경치에 탄성을 질러대던 그때 나는 소녀였다. 기차는 섬 아이에게 신세계를 선물하였다. 그날의 기차여행은 빛바랜 흑백 사진 속에 독특한 향기로 남았다.

동해남부선 교대역 공사가 한창이다. 뚝딱거리는 소음이 부담스럽지만, 우리 매장 바로 옆에 기차역이 생긴다니 지날 때마다 슬며시 진척상황을 살핀다. 시골 간이역의 소박한 모습을 기대해 보지만 욕심이겠지. 교대역이 문고리를 여는 날, 옥죄는 이름표를 벗어던지고 나는 뚜벅뚜벅 매표소로 걸어 들어가 표를 살 것이다. 물살을 거슬러 오르는 연어처럼 시간을 거슬러 그때 그 시간 속으로 떠나고 싶다.

사람을 기다리는 일에 지치는 한낮에 매장 문간에 서서 세상 구경을 한다. 고가철도 위로 기차가 굉음을 내며 지나간다. 꼬리는 순식간에 사라졌지만 벽력 같은 진동과 소음이 나를 따라온다. 뇌리에 눌어붙는다.

비린내

자갈치 시장에만 가면 무리수를 둔다. 깃발처럼 퍼덕이는 생명, 에너지 넘치는 질탕한 홍정마당에서 나도 함께 어깨춤을 춘다. 달랑 퍼런 지폐 한 장에 전갱이 한 무더기라니. 중요한 모임 끝이라 정장에 하이힐 차림이었지만 전갱이는 육질이 부드러워 남편이나 아이나 좋아하는 생선이 아닌가. 이깟 비린내가 대수냐 싶었다. 선뜻 돈을 지급하고 챙겨 들었다. 지하철 안에서 싸게 샀다고 회심의 미소를 짓다가 갑자기 손가락이 뻣뻣해졌다. “양이 좀 적더라도 다듬어주는 것을 살 걸…….” 무모한 결정이었다 싶지만 그래도 마음이 푸근하다. 옛날에 어머니도 떨이 생선을 한 대야씩 다듬고는 하셨지. 비린내를 방향(芳香)으로 격상시킨다.

손질하는 내내 비린내가 진동을 한다. 내가 칼과 도마, 싱크대의 냄새를 지우느라 동분서주하는 사이에 텔레비전에서는 후보간 토론이 난장을 튼다. 선거나 공천 때문에 어수선한 정가 소식은 언제나 산뜻하지 못하다. 억울하다고 소리를 높이는 이나 당연한 결과라며 딱 잘라 말하고 돌아서는 대변인도 별로 당당하게 느껴지지 않을 때가 많은 것은 나만의 생각일까. 사람들의 고개를 갸웃거리게 하던 정치인이 결국 명예롭지 못한 퇴진을 할 경우 시청자들은 고개를 끄덕인다. 고급 인력만이 내세울 만한 자원이라고 큰소리치는 나라에서 인사청문회장은 늘 갑론을박으로 고성이 오가는데……. 여야당 모두 고개를 숙일 만한 청정한 소나무 같은 인물은 왜 그렇게 찾기가 힘든 것인지. 향 싼 종이처럼 행동하던 사람이 하루아침에 곤두박질치는 모습은 참으로 안쓰럽지 않은가. 두고두고 저 상한 비린내는 지우지 못할 텐데…….

손을 비누로 문지르고 킁킁대본다. 한 번으로는 부족하다. 한 후보자가 상대편 후보의 약점을 파고든다. 잘한 것은 덮어두고 집요하게 작은 잘못을 파고들어 급기야는 두 후보자 모두 나쁜 사람이 되고 만다. 이쯤 되면 후보자 간에 이상한 기류가 흐르는 것은 물론이고 시청자들도 더는 그들의 토론에서 얻을 것이 없다는 생각을 하게 된다. 결국, 조용히 있는 제3의 후보자에게로 눈길을 돌린다. 어찌 보면 그는 깨끗한 사람이다. 오점을 가질 만큼 적극적인 업적을 이루지도 못했고 능력이 대단하리란 믿음도 주지 못하지만 어쨌든 맑은 사람임이 틀림없다. 사람들은 제3의 후보에게 표를 모아 줄지도 모른다. 깨끗한 전적만을 원한 사람들은 당분간 속이 후련할 터이지만, 그 단순한 선택 때문에 예상치 못했던 그의 무능력으로 인해 후회하게 될 위험을 감수해야만 한다. 비린내를 맡고, 그것을 지우느라 비누질을 하고, 행주를 삶고, 창문을 여는 수고가 싫어서 빈 쟁반을 선택한 덕분에 제대로 된 식탁을 차리지 못하는 것도 옳은 일은 아니지 싶다.

차라리 관심을 거두고 기권으로 내 의사를 부르짖어볼까. 기권도 권리라 한다. 프랑스 대통령선거에서 있었던 일이다. 국민은 투표장에 가는 대신 소풍을 즐겼다. 그 결과 열여섯이나 되는 후보 중에서 인종차별을 주장하는 극우파 후보가 시라크와 함께 결선에 올랐다. 놀란 국민들이 90% 가까이 표를 몰아주어 시라크를 당선시켰지만, 오랫동안 인종차별주의자가 대선 결선에 올랐다는 사실은 프랑스 국민에게 치욕으로 기억되었다고 한다. 한 표의 소중함을 깨닫는 데 이보다 더 좋은 예가 있을까. 텔레비전 토론에서 정책 공방을 원했지만, 미비했고, 그들의 폭로성 인신공격을 야유했지만, 선거일이 되면 나는 어김없이 축제에 합류하기 위해 집을 나선다.

선거가 희망으로 벅찬 흥겨운 마당놀이라면 좋겠지만, 부족한 출마자들이 유권자들에게 비린내를 나눠 묻히는 경우에 잔치는 어두운 그림자를 덮어쓰고 만다. 지난 선거에서 양반 동네로 알려졌던 어느 지역은 출마자와 유권자들의 비린 거래가 소문이 나서 선거를 몇 번이나 새로 치르는 수모를 겪었다. 두고두고 사람들의 입질과 역사에 오를 그 지독한 비린내를 그들은 어찌할 것일까. 순박한 시골인심에 오물을 끼얹은 출마자의 탐욕이 밉고, 신성한 권리를 돈에 판 어리석은 사람들의 서툰 판단이 안타깝다. 유권자조차 비린내를 풍기며 잔치를 더럽힐 수는 없는 일이다. 도장을 누르는 손길은 계약서에 사인하듯 진중하고 조심스러워야 한다. 내가 주인이지 않은가.

비린내를 한자로는 성취(腥臭)라 한다. 그것이 성취(成就)와 음이 같은 것을 보며 적극적인 삶에 따를 수밖에 없는 그늘이나 그림자를 연상하게 된다. 끈끈한 바다 내음과 퍼덕이는 생선의 햇비린내를 좇아 내가 새벽 어시장에 가는 것을 좋아하는 까닭은 거기서 진득한 삶의 활력을 볼 수 있기 때문이지 않은가. 하지만 그것은 햇비린내일 때에만 해당되는 말이다. 권태를 정화하는 힘찬 에너지 없이 그저 썩고 있는 바다라면 그곳을 찾을 이유는 없을 것이다. 아무리 살집이 통통하다고 해도 씻어도 지워지지 않을 역한 비린내를 풍기는 상한 생선은 씻기도 전에 버리는 것이 현명한 선택이다.

설거지를 한다. 전갱이구이가 깨끗이 비워진 쟁반을 닦는다. 산소를 품어 하얗게 보글거리는 물방울들이 마지막 냄새를 지우고 있다. 비린내가 안 나면서도 맛이 좋은 생선을 구할 수 있다면 가장 좋겠지만, 그럴 수 없다면 어쩔 수 없이 물 좋은 생선을 사서 비린내를 씻어내야만 한다. 비린내가 싫다고 채소만 넣고 생선찌개를 즐길 수는 없는 일이 아닌가. 식탁 위에 밀쳐 둔 선거공보를 넌지시 펼친다. 누구를 찍을까. 선택은 언제나 의무와 어깨동무를 한다. 사람들의 눈동자 하나하나가 물방울 역할을 해낼 수 있으리라.

선거가 끝나면 누군가의 어깨에 무거운 짐이 얹힐 것이다. 맑게 씻긴 쟁반처럼 새로 시작하는 자리, 넘치는 에너지와 신선한 향으로 비린내를 몰아낼 수 있기를 기대하며 가지런히 쟁반을 꽂는다.

척촉(躑躅)

홍역이다. 저 붉은 발진을 터뜨리기 위해 얼마나 간지러웠을까. 기다리고 기다리다 기대가 미움이 되고 미움이 슬픔이 되고 슬픔이 울화가 되어 마침내 통문을 돌리지 않고도 한꺼번에 풀어놓아 버린 역정이 붉게 타고 있다. 열꽃이 입을 벌리고 숨을 쉰다. 삶과 죽음을 오가는 영혼의 풀림 속에 온 산이 산통을 지켜보는 지아비처럼 헛기침을 한다. 황홀한 고뇌와 안타까움이 누에고치의 실오리처럼 풀려나간다. 드디어 심호흡을 하고 울화통을 다 터뜨리고 나면 온 산 가득 붉은 기운으로 축제를 시작한다.

황매 평전을 내려다보며 숨을 죽인다. 첫 대면하였을 때 핏빛으로 일렁이던 꽃무리를 보며 떠올렸던 '아우성'이라는 낱말이 오늘도 고개를 든다. 베틀재, 철쭉 제단, 모산재 곳곳마다 침묵의 함성을 질러대던 그 날의 첫인상으로 인해 해마다 사월을 지나 오월이 오면 황매산 산철쭉이 보고 싶어 안달이 났다. 갈 때마다 다르게 느껴지는 팔만여 평을 뒤덮은 붉은 꽃 태깔이 올해는 어떨지 궁금하였다. 산불처럼 이는 열정으로 카메라를 손보았다.

척촉을 본다. 겨울은 참으로 길고도 혹독하였지. 언제나 물이 돌까. 원활치 못한 수액의 흐름이 못내 아쉬웠으리. 배배 틀린 가지의 모양새며 키가 지난해와 별반 차이가 없다. 지난여름과 가을에 저장한 영양만으로는 생명을 유지할 정도의 소찬밖에 차리지 못하였나 보다. 얄팍한 햇살로는 몸 구석구석을 따뜻이 감쌀 수도 없었을 터이지. 헛헛한 기운을 추스르고자 안간힘을 쓴 흔적이 줄기에 굳은살로 앉았다. 버석거릴 것만 같은 피부 아래 아른대는 물색이 누이의 가느다란 팔목에 도드라진 정맥처럼 서럽다.

한차례 바람이 인다. 흔들리는 철쭉들, 어디서 보았더라. 봉긋한 꽃잎 속에 붉은 꽃술을 치켜세운 그것은 일순 수많은 촛불이 된다. 촛불은 약한 바람에 꺼지면서도 여럿이 모이면 온 세상을 채운다. 어둠 속에서도 빛을 잃지 않고 새벽을 기다리는 불꽃, 자신의 몸을 불살라 주위를 밝게 비추는 촛불을 지켜보는 사람들 모두 굳건한 열망으로 행렬 속에 함께 있었다. 꽃불이 광장을 뒤덮고 흔들리는 불빛 속에 사람들의 눈빛도 일렁인다. 분노를 안고 모인 군중들이 소리를 줄이고 이윽고 침묵하며 불빛의 움직임 속에 마음을 담는 시간, 간절한 소망이 모여 촛불은 꽃불을 피우고 불꽃이 되었다.

척촉이란 '머뭇거리다'는 뜻이다. 독성이 있어 염소가 먹고 비척거리는 모양을 나타낸 말이라고도 하고, 너무 예뻐서 길 가던 나그네의 발걸음을 멈추게 한다고 해서 붙여진 이름이라고도 한다. 꽃말이 '사랑의 기쁨'이니 두 번째 견해가 맞는다고 보는 사람이 많을 것 같다. 하지만 주인공인 꽃의 처지에서 본다면 그리 적절하지 않은 듯하다. 오히려 나는 더디게 펼쳐낸 힘든 척촉의 삶에 의미를 두고 싶다.

잎이 피기도 전에 기다렸다는 듯이 사촌뻘 되는 진달래는 꽃망울을 피웠다. 참꽃이란 애칭도 얻었다. 겨우내 기다린 등산객들의 사랑을 먼저 독차지한 진달래가 얼마나 부러웠을까. 진달래에 이어서 핀다고 붙여진 '연달래'란 이름은 척촉에는 상처가 되지 싶다. 머뭇거릴 수밖에 없는 태생적 한계가 한이 되어 수액이 모여 끈끈한 독물로 고이고 말았을까. 먹을 수 없다고 개꽃으로 불리는 수모도 견뎌내고 삶의 정기를 모아 늦으나마 꽃을 피웠다. 화관 위쪽 내부에 숨길 수 없는 고뇌의 흔적이 여러 점 검버섯이 되고 말았구나. 보풀보풀한 꽃솜으로 이불을 지어 너르게 펴 놓은 꽃 침상인 양 오늘은 아름답기만 하다.

아직은 철쭉의 숨소리가 가쁜 듯하다. 온 세상에 생명의 소리가 넘치는 유월이 오면 분노의 열꽃을 삭인 씨방이 봉긋해지리라.

씨앗을 잉태한 철쭉의 붉은 꽃잎은 시들어서도 편하게 쉴 수 있겠지. 꽃송이마다 안정된 눈빛으로 서로를 돌아보고 격려의 미소를 띠우지 않을까.

잊어야 하리. 촛불이 평화롭게 일렁이듯, 시위가 경건한 기대로 가득 차듯, 고귀한 의식만을 간직한 채 분노도 폭력도, 미움도 질시도 버리고 눈물처럼 순결한 목표로 모두 생각을 모으듯, 척촉, 그대도 잊어야 하리. 철쭉제를 지내는 사람들의 마음속에 안온한 꿈을 심을 수 있는 것은 격정을 넘어온 그대가 보여주는 분홍빛 우아함과 아릿한 향기 덕분임을 아는가. 척박한 땅에 뿌리를 박고 해마다 꽃을 피우고 잎을 떨어뜨리며 메마른 흙에 촉촉한 생명의 기운을 돌린 너에게 사람들은 술잔을 권한다.

씨방 속에 희망을 담아둔 꽃은 시신조차 아름답다. 신록으로 영그는 꿈, 씨를 퍼뜨리는 열망, 덤불 속에서 더 높이 자라 더 멀리 바라보고픈 기대를 버리지 않는 깨어있는 의식을 철쭉에서 본다. 누가 누구를 지켜보는 것일까. 머뭇대는 사람들이 오히려 꽃이 된다. 척촉의 세상에서 다혈질의 내가 꼬리를 내린다.

차마

참으로 뜻밖이었다. 나보다 못하다고 생각해 온 이에게서 동정을 받는다면 이런 느낌이 들지 않을까. 한마디 말로 '네가 부족해'라고 하는 것보다 더한 수치심이 들도록 하는 저 의젓한 삶의 주인공을 보는 순간 나는 '차마'라는 부사를 떠올렸다.

"착혀. 며느리는 잘 봤어. 조카 내외가 착히어." 할아버지가 웃으며 말씀하셨다. 뒤통수가 아찔하도록 그 말이 충격적으로 들린 것은 너무나 뜻밖의 상황이었기 때문이다. 화면을 가득 채운 할아버지의 몸을 본 순간 식구들은 이구동성으로 경악의 감탄사를 토했다. 피라미드에서 발견된 '미라'가 저랬었지. 근육을 거의 다 소진하고 뼈와 피부만 남은 몸으로 할아버지는 물을 마시려고 기다시피 수돗가로 이동하셨다. 손에 든 조그만 빈 양푼이 무거워 보였다.

조카는 소주병을 안고 살고 조카며느리는 아이까지 내버려 두고 집을 나가버렸다. 돌볼 사람이 없었지만, 국가에서 나오는 보조금을 생활비에 써야 하기에 그들은 할아버지를 시설로 보내지 않았다. 며느리는 집을 나가서도 그 돈을 자신의 통장으로 받아서 썼다고 하니……. 건강검진 결과 특별한 이상은 없었다. 넝마를 걷어내고 목욕을 한 할아버지는 개운하다고 하셨다. 진드기 같은 피붙이를 벗어버리게 된 것이 개운한 게 아닐까 생각이 들었지만, 할아버지의 표정에서 그런 시원스런 표정은 찾을 수 없었다. 뜻밖에도 조카며느리가 방송을 보았는지 병원으로 찾아왔다. "병원에 오게 되어서 다행이어유. 빨리 나으셔유." 몹쓸 사람으로 비난받았던 며느리의 다감한 인사에 시청자들은 또 한 번 놀라고 말았다. 비난과 이해가 엇갈렸지만, 그녀의 표정은 그저 무덤덤하였다.

언젠가 영화 『공공의 적』을 보며 그 추악한 범죄에 경악하였다. 긴밀한 구성과 배우들의 연기에 몰입하여 범죄 수법의 잔인성과 패륜에 치를 떨었다. 하지만 돈에 눈이 어두워 칼로 부모를 살해하는 자식의 뒷일을 걱정하여, 어머니가 죽어가면서도 떨어져 나온 자식의 손톱을 삼키는 장면은 수긍할 수 없는 것이었다. 아무리 모성이 강하다고 해도 어찌 그럴 수가 있을까. 작가의 상상력이 현실감각을 상실했다고 치부했었다. 그런데 얼마 전 긴급출동 SOS 프로그램의 한 주인공이 나의 판단을 의심스럽게 만들고 말았다.

주인공은 팔순의 노파였다. 아들의 농장에 있는 컨테이너에 유폐되어 '감금된 노모'라는 방송의 주인공이 된 불쌍한 어머니였다. 아들과 며느리는 가까이에 있는 큰집에 살면서도 소변을 가리지 못한다는 이유로 노모를 컨테이너에 가두고는 돌보지 않았다. 아들이 여닫이문을 굵은 장대로 받쳐 출입을 못 하게 막아놓고 삼 개월이 지나니 걸을 수 없게 되었다던가. 다리에 욕창이 생기고 기력이 없어 이제는 일어날 수도 없다. 누운 자리에서 혼자 대소변을 해결해도 돌봐줄 이 없으니 그 자괴감을 어찌 견디셨을까. 때 거르기 일쑤였으나 기자에게 하는 어머니의 말씀은 오로지 한 가지였다. "따뜻한 밥 해 줘서 많이 먹었다.", "효자고 효부여. 말도 못 하게 잘 혀.", "아들이 효자 노릇을 해도 내가 못나서 힘들어." 혹시나 집안의 대를 잇는 아들을 잡아갈까 봐 자신이 병원에 안 가도 된다고 우기는 맹목적인 모정이 못내 서럽고 측은하였다.

전통적인 유교도덕은 家를 중요시한다. 우리 조상들은 자식의 성공이나 편리를 위해 자신을 희생하고 절제하며 어려움을 감내하는 것을 주저하지 않았다. 자신은 물로 허기를 채워도 자식에게는 밥을 먹이고, 자신의 도시락에는 흰 수건을 넣더라도 자식의 도시락에는 흰 쌀밥을 채우셨다. 며칠 전 뉴스에서 본 한 치매 할머니는 정신이 오락가락하는 어려운 생활 속에서도 닭을 키우고 있었는데 자식이 오면 몸보신을 시켜줄 것이라는 대답만이 또렷하여 보는 사람의 가슴을 뭉클하게 하였다. 자식을 잘 길러내어, 집안을 일으키고 지켜내는 것을 필생의 목적으로 여기며 헌신한 그분들의 삶을 요즘 젊은 사람들은 어찌 여기는지 의심스러울 때가 많다.

가치관이 변해 간다. 대가족은 눈 씻고 보아도 찾기 어렵고 홀로 사는 노인들이 급증하고 있다. 시간에 쫓겨 사는 세상, 고향과는 먼 곳에서 업을 갖고 살아가야 하는 세상, 배우고 즐길 것도 많은 세상에서 모여 살기는 어렵게 되었다. 자식 수가 적다 보니 어릴 때부터 우대받고 큰 자식은 참을성도 책임감도 희생정신도 제대로 갖추지 못한 채 어른이 되었다. 소변을 지리는 노모에게 기저귀를 사 드리고 병원 진료를 받게 하는 대신 남 보기 창피하다고 가두어두다니! 옛날 같으면 동네 어른들이 치도곤을 내릴 일이건만, 쉬쉬하고 마을에서도 모른 체 넘어가 주는 개인주의 세상이 되고 말았으니 공자님이 지하에서 혀를 차실 듯하다. "쯧쯧, 내가 家의 중요성을 그리 강조하였거늘…"

無惻隱之心 非人也 無羞惡之心 非人也

불쌍히 여기는 마음이 없는 것은 사람이 아니고, 부끄러운 마음이 없으면 사람이 아니라고 맹자는 사단설에서 주장한다. 사람들이 어린아이가 막 우물에 빠지는 것을 보면, 다 놀라고 불쌍한 마음을 가져서 그 아이부터 구하려고 하는데 이는 그 어린아이의 부모와 사귀려 함도 아니며, 마을 사람들과 벗들에게 칭찬을 받기 위하여 그러는 까닭도 아니며, 원성을 듣기 싫어서 그렇게 하는 것도 아니라 인간의 본성이 그러하기 때문이라 하였다. '미라 할아버지'나 '감금된 노모'의 자손들은 그런 본성을 어디에 잃어버렸을까. 강도 높게 비난을 하다가 문득 요즘 세상에서 성선설을 근거로 인간의 도리를 논하는 것을 남들이 뒤떨어진 논리라 하지 않을까 하는 생각이 들었다.

논어에서는 어버이를 잘 섬긴 다음이라야 仁을 이룰 수 있다고 하며 효를 '만덕(萬德)의 근원이요, 백행(百行)의 원천'으로 보았다. 초파일에 백팔 배를 하고 뵌 부처님은 지극히 사랑하고 측은히 여기는 자비심을 강조하셨다. 나와 같은 시대를 살고 계신 달라이라마는 삶을 살아가는 데 있어 인간으로서 갖추어야 할 가장 중요한 덕목으로 compassion을 거론하였다. 모두가 사단설의 첫째 덕목인 측은지심과 같은 항목이 아니겠는가. 진리는 시대를 초월하여 통하는 것 같다. 그런데도 우리가 차츰 이 소중한 덕목을 잃어버리면 어떻게 될까. 측은지심을 어디서 찾을 수 있을까.

측은지심은 살아있었다. '미라 할아버지'나 '감금된 노모' 두 방송으로 인터넷은 한동안 뜨겁게 달구어졌다. 피를 토하듯 격렬한 한탄과 걱정, 분노의 댓글들을 살펴보며 그들도 나처럼 안타까움의 눈물을 흘렸으리라 짐작되었다. 사회의 현상을 반영하듯 옛날처럼 효자, 효부의 이야기를 찾아보기가 쉽지 않고 불효자의 이야기가 심심찮게 사람들의 입에 오르내리기는 한다. 하지만 아직은 우리가 생활 속에서 배우고 자란 끈끈한 家 개념이 살아 있는 증거가 아닐까 싶어 얼마간 안심이 된다.

사람으로서 사람에게 차마 하지 못하는 마음, 내 안에 온전히 잘 있는가. 모두들 宀 아래 모인 가족이 豕처럼 고운 획들로 잘 연결되어 있는지 확인해 봄이 어떨는지.

우렁각시

“쫍 도이 떤랑 떤자이녕 솜 덴 랑 롱 더우 박.”

신랑신부를 축복하는 베트남 말을 알아들을 수 있는 하객은 고작 서너 명이었다. 발음이 제대로 되었는지 걱정스럽다며 주례가 너스레를 떨자 식장은 웃음이 넘쳐났다. 환한 미소와 박수를 받으며 마지막으로 신부가 배시시 웃었다.

신랑은 강인하고 순수한 젊은이다. 몇 차례의 뇌종양 수술을 견뎌내었고, 머리에 커다란 흉터를 가졌으되 정신력으로 삶의 물꼬를 건강하게 되돌려놓았다. 오늘 결혼식은 그가 부모와 지인들에게 주는 선물과도 같지 않은가. 죽음을 예견했으나 우리 곁을 떠나지 않고 남아준 장한 결과 앞에서 모두 신에게 감사했다. 청첩장을 받고 남편이 자기 일처럼 기뻐한 것도 그 집안의 험난한 가정사를 너무나도 잘 알기 때문이었으리라.

웨딩드레스를 입은 베트남에서 온 신부, 부티안이 털썩 엎드려

시부모께 큰절을 올렸다. 신랑이 큰절을 하자 재빠르게 함께 땅에 엎드린 것인데 식장에 웃음이 넘쳐났다. 실수 좀 하면 어떤가. 드레스 자락을 추스르지 못해 애쓰는 양이 애틋하고 귀엽기만 하다. 도우미가 쫓아가 일으켜 세웠다. 결혼은 생애 첫 경험일 터 어린 신부의 실수는 결혼식의 분위기를 부드럽게 하는 향기가 된다. 그녀가 오늘의 주인공이니. 문득 몸을 둥글게 말고 엎드린 그녀가 우렁각시 같다는 생각을 한다.

'대한민국 남자, 우리도 결혼이 하고 싶다'라는 제하의 기사에서는 2030년에 남자 100명 당 29명이 우리나라에서 짝을 찾지 못한다는 통계를 제시하고 있다. 적령기가 되면 적절한 배우자를 만나 인연의 실을 묶는 것이 자연스러운 삶의 과정이거늘 "이 땅 파서 누구랑 먹나?" 하는 노총각의 탄식이 나올 법한 기사가 아닌가. 새까맣게 속이 타서 숯이 되어가는 늙으신 부모님의 얼굴을 뵙기 민망하여 그들의 어깨는 더욱 처지고, 짙은 비눗물에 비친 불빛처럼 흐릿한 그들의 미래는 제대로 모양을 잡지 못한다. 전래되는 이야기처럼 "나랑 먹고살지!" 하며 나설 처녀를 운 좋게 만날 수는 없을까.

결혼적령기가 이십 대에서 삼십 대로 물러난 지 오래되었다. 삼십 대란 어떤 나이인가. 자녀를 갖고 가정경제의 토대를 쌓아 사십 대에 닥칠 자녀교육에 대해 대비를 해야 할 시기가 아닌가. 요즘 어영부영하다 사십을 넘기고 오십이 되어도 짝을 찾지 못해 평생을 혼자 사는 경우를 주위에서 많이 보게 된다. 독신에 대한 뚜렷한 주관이 있어서라면 무어라 말하겠는가만 어쩌다 보니 그렇게 되었다는 홀몸들이 많은 형편이니 쉽게 생각할 일이 아니지 싶다. 혼주 내외는 요즘 새로 얻은 딸을 키우는 재미로 산다고 말꽃을 피웠다. 멀리서 찾아 준 우렁각시가 어찌 반갑지 않을까. 우리말을 하나하나 가르치고 풍습을 알려주며 며느리를 진정한 한국 사람으로 받아들이고자 노력하는 시부모, 하나씩 물어가며 이곳 생활에 빨리 적응하기 위해 노력하는 며느리 사이에 거리는 없다. 삶이란 자작한 논물에 새 물이 섞여 한물로 되듯 자연스러워야 하지 싶다. 서로 다른 점을 받아들이지 못하고 논란의 한가운데로 밀어붙인다면 우렁각시가 되고자 먼 나라까지 온 부티안의 처지는 억울한 왕우렁이에 불과할 터이니.

유월의 푸른 날, 말간 논물에 비친 구름 사이로 슬금슬금 기다가 연둣빛 벼 포기에 기대 어느 순간 구르기도 하며 자기 본연의 삶의 모습에 충실한 우렁이들을 보며 신통하다는 생각을 한 적이 있다. 기후도 토양도 물맛도 다를 터인데 서두르지 않고 저리 여유롭게……. 그때 그들은 생태 농법을 가능하게 해 주는 고마운 생물이었다. 그런데 얼마 전에 신문을 보니 왕우렁이의 번식이 너무 왕성하여 토종생태계를 교란시키는 위험한 생물이라고 선고를 내리고 있었다. 우렁이들이 피켓을 들고 시위라도 해야 할 일이지 않은가. 만만치 않은 삶의 파고를 고스란히 받아들이고 우리 농민의 수고를 덜어주고 땅의 오염을 덜어주었건만 세상 인심을 한탄해야만 하는 우렁이 신세라니. 고향을 떠나 이곳으로 오라고 꾄 것은 우리가 아니던가.

신랑신부가 주단 위를 걸어 나온다. 꽃가루가 뿌려지고 축포가 터진다. 식장에 모인 모든 이들이 그들의 새 삶을 향한 행진에 갈채를 보낸다. 사고로 몸을 다쳐 평생 휠체어 신세를 지는 시아버지와 오랜 병마를 떨치느라 고생한 남편, 가정을 책임지느라 힘들었을 시어머니가 그려 놓은 삶의 무늬는 헝클어진 검은 실타래였다. 부티안이 이 집안에 드리워진 암막 같은 어둠을 걷어내고 있다. 그녀는 헝클어진 실타래를 모두 풀어 가지런히 정돈할 수 있을 터이다. 우렁각시가 총각에게 가져다준 행복을 부티안도 집안에 가득 채울 수 있으리라 믿는다.

다문화 사회로의 진행을 거스를 수 없는 물길과 비교해도 될까. 해마다 늘어나는 다문화 가구의 결혼 비율을 보면 단일민족이라는 말은 이제 효용을 잃은 듯하다. 방과후학교나 복지관에서 봉사하는 이국적인 얼굴을 볼 때마다 고마운 마음에 덥석 손이라도 잡아주고 싶어진다. 맨발로 자갈길을 걷는 아픔을 견디고, 생채기를 다스린 세월을 보지 않는다고 어찌 모르랴. 다문화의 벽을 허물지 못해 간신히 지은 집을 허무는 가정이 많다고 걱정하는 목소리도 높다. 하지만 생활 영역을 넓혀 자신의 능력을 사회에 돌려주는 이들도 많다. 복지관에서 영어를 가르치는 필리핀에서 온 순이 엄마, 소규모 생산업체의 상품 번역을 맡아 수출에 도움을 주는 우즈베키스탄에서 온 민규 엄마는 현대판 우렁각시라고 불러도 좋지 않을까.

이 땅에서 뿌리를 내려야 한다. 쿤타킨테가 미국에서 자신의 뿌리를 굳건히 내리기 위해 고군분투하였고, 그의 후손 알렉스 헤일리가 그 삶을 기렸듯이 부티안의 후손들도 능히 그럴 수 있지 않을까. 다문화의 그늘이 깊다고 하지만 건너지 못할 강은 결코 아니다. 남들보다 훨씬 더 많은 노력이 필요하겠지만, 사랑으로 굳건해진 관계를 방패로 삼아 한발 한발 다가가 사회 속에 안겨들 수 있게 될 것이다.

다른 뿌리를 갖고 시작하지만 결국은 연리목으로 완성될 사랑 이야기를 상상하며 가슴이 설렌다. 주례사의 어눌한 발음을 흉내 내 나도 가만히 부티안에게 환영한다고 말한다. “Xin chúc mừng. 진 조우 문.” 우렁각시가 살며시 웃는다.

가지 않은 길

短 수필- **비 오는 날**

長 수필- **화선(火仙)**

_ 제1회 김만중문학상
수필 부문 수상작품

비 오는 날

빗물에서는 은밀한 유혹의 냄새가 난다. 바람 한 점 없어 그저 수직으로 내리긋는 가는 빗줄기에 만물이 몸을 내주었다. 종일 앞산을 감도는 물안개가 서서히 영역을 넓히더니 먼 빌딩 허리춤을 감싸며 나에게 손짓을 했다. 밖으로 나오라고, 가라앉은 일상을 벗어나 일없이 빗속을 걸어보라고. 오후 내내 창가에 서서 비의 속삭임을 들었다. 아직은 감성을 죽일 때가 아니라며 나를 꾀는 야릇한 비의 목소리는 바닐라향보다 더 달콤하지 않은가. 세월에 떠내려 보낸 누군가를 그리워하면서 파우스트처럼 방황하였다.

우산을 챙겼다. 아이를 학원에 보내자마자 서둘러 지하철을 탔다. 오늘 같은 날, 남편은 손님 뜸한 매장에서 나보다 더 오래 빗줄기를 세고 있지는 않았을까. 우산을 같이 써 본 적이 언제였더라. 이십 년도 넘은 예전에 내가 새댁일 때, 성남의 한 버스정류소에서 오래오래 그를 기다린 적이 있었지. 그 날처럼 한 우산을 같이 쓰고 천천히 집으로 돌아와도 좋고 오붓하게 분위기 좋은 곳을 찾아들어도 좋겠지. 함께 깃든 거처를 두고두고 손질하며 살아가듯이 흐르는 시간도 끊임없이 손질하고 꾸며가야 하리라.

셔터가 내려져 있었다. 젊은 날을 흉내 내어 보려던 다채로운 내 설계도가 분해되어버렸다. 약속 없이 혼자 띄워 보려던 낭만이란 열기구는 주저앉고 말았다. 그도 추억을 찾아 떠난 것일까. 그가 그린 스케치는 무엇이었을까. 전화를 걸었다. 남편은 벌써 집에 와 있었다. 대답 없는 초인종을 누르다가 기대를 지우며 허전해졌을 그를 위해 조촐한 안주라도 마련해볼까? 말하지 않고도 같은 느낌에 파묻히는 우리는 닮은꼴이다.

정성껏 빗물을 턴다. 흩어지는 물방울들 속에 영화 '쉘부르의 우산' 속의 한 장면이 떠오른다. 예쁜 우산들로 가득 채워진 화면 속에 쥬느비에브와 기이가 있다. 나는 주황색 우산을 펼치고 집을 향해 걷는다. 영상 속으로 남편을 불러낸다. 그와 내가 한 우산을 쓰고 그들을 지켜본다. 비는 마술처럼 모래시계를 거꾸로 돌려놓는다.

땡볕 아래 헐떡이며 오르는 붉은 산처럼 삶이 팍팍하기만 하다면 얼마나 지칠까. 가끔은 사방으로 튀는 빗방울처럼 자유로워도 좋을 것 같다. 어쩌다 빗속으로 무작정 나서는 만용을 부린들 어떠랴. 그 느낌과 생각들이 붉은 산 곳곳에 나무 그늘과 맑은 샘이 될 터인데. 물에 비친 세상을 경이롭게 보듯 삶이 힘들 때 작더라도 쉬어갈 작은 웅덩이를 마련하는 일이 어찌 소중하지 않을까.

화선(火仙)

물레가 섰다. 토암 선생의 강인한 팔뚝이 힘을 잃어 갔다. 숨죽여 어루만지던 그의 분신들이 일그러지고, 손에 익은 조각도조차 조야한 선을 그려 그를 배반하였다. 피눈물 섞어 제토하고 성형하다가, 던져버린 지질박을 줍다가, 깨뜨려버린 도자기 더미를 물끄러미 보다가 무심한 가마 아궁이 가득 한숨을 눌러 담기도 했겠지. 어느 순간 일어나 산 허리춤을 허랑허랑 떠돌다 잡풀 더미 쥐어뜯으며 울부짖기도 했으리라.

아침 시간이라 아무도 없는 봉대산 언덕바지에 앉아 대변항을 내려다본다. 배 두어 척이 출항을 하고 바다는 또다시 침묵에 잠긴다. 매미와 계절을 일찍 사는 쓰르라미가 술렁이기 시작한다. 우리 아파트 매미들의 격앙된 목소리와 달리 자신의 목청을 가다듬어 때로는 크레셴도로 때로는 데크레셴도로 자유자재로 분위기를 바꾸어가는 그것들의 합창은 고즈넉하게 보이는 어촌마을과 조화롭게 어울린다. 눈을 비탈 아래로 돌리면 커다란 팻말 속에서 한 남자가 나와 같은 자세로 앉아 먼 데 눈길을 주고 있다. 토암 선생, 그를 생각 속에 불러들인다.

그는 말기 암 환자였다. 암세포가 쇠스랑이 되어 그의 위와 식도를 거세게 찍어 누르기 전에는 그도 은은한 선과 색을 자랑하는 분청사기에 신명을 바치던 도예가였다. '말기'는 죽음의 언어가 아니겠는가. 삶을 정리하는 것이 좋겠다는 의사의 선고를 받은 후 절망의 바다에서 헤매기도 하였다. 삶을 낭비하지 않고 열심히 살았건만 가혹한 현실 앞에 서자 원망의 화살은 하늘로 향하였다. 끝없이 물음표를 신에게 날렸지만, 답을 얻을 수는 없었다. 속을 알 수 없는 침체의 바다 속으로 깊이깊이 침몰해 들어가던 어느 날 그는 남은 기운을 추슬러 일어섰다.

고대인의 주술을 생각했을까. 그는 자신을 닮은 토우를 빚기 시작했다. 그것들의 머리를 비웠다. 귀를 자르고 입을 열었다. 신석기 시대 일본인들은 여자의 모습을 한 토우를 만들어 신에게 기원했다고 한다. 여자에게 생명의 힘이 있다고 여겼던 것인데 토우에 깃든 주술적 힘에 기대어 자연으로부터 보호받기를 원했던 것이었다. 토암 선생도 자신의 암세포를 도려내는 심정으로 토우의 귀를 자르고 머리를 비웠을까. 토우의 속을 비워내듯 자신의 암세포도 파내어 몸 밖으로 던져버리기를 기대하였을까.

아닐 것이다. 한때는 완벽한 곡선을 추구하던 자신의 손끝에서 속절없이 찌그러지는 흙의 형상을 통해 그는 제 모습을 보았으리라. 평생을 바쳐 추구하던 선과 빛의 아름다움을 포기하는 일이 어찌 쉬웠을까. 그것이 암세포의 기세 앞에 허물어져 가는 자신의 육신이며 마음 같아서 차마 외면하지 못하고 못나고 어수룩한 화동들을 받아들였을 터이다. 함께 가야 할 동지로서 그가 그들에게 부탁한 것은 세상일에 기웃대지 않고 그와 함께 마음에서 우러나오는 생명의 노래를 부르는 것이었다. 죽음의 사신이 그의 방문을 두드릴 때까지.

삶이 처지는 날이면 나는 이 토우들을 떠올린다. 운전대를 잡으면 한 시간도 채 걸리지 않는 이곳에 달려와 토우들과 대면한다. 산길을 걸어올라 그것들을 내려다볼 수 있는 참나무 그루터기에 앉아 물끄러미 그들의 동산을 내려다본다. 팽이버섯처럼 모여 앉은 구멍 뚫린 동그란 머리통들이 도넛 모양을 모티브로 한 구성 작품이 되고 천천히 나는 그것에 빠져든다. 가슴 밑바닥으로부터 내면의 소리가 조금씩 올라오고 가쁜 숨은 가라앉는다.

몇 년 전, 나의 글쓰기에 관심이 많은 친구가 내게 기묘한 토우들로 가득한 사진 한 장을 건네주었다. 터키 카파도키아의 버섯바위들처럼 동글동글한 토우들이 빼곡히 산비탈을 메우고 있었다. 그 사이에서 스머프들이 나와 이리저리 다닐 것 같은 희한한 풍경에 쉽사리 눈을 뗄 수 없었다. 흥미를 보이는 내게 친구는 소설 같은 이야기를 들려주었고, 나는 예사롭지 않은 사진 속 주인공의 행적에 끌리고 말았다. 과제물 마감을 앞둔 학생처럼 서둘러 일정을 비웠다. 불꽃처럼 타오르는 열정으로 카메라를 손보았다. 토암 선생과의 만남은 그렇게 시작되었다.

"내 삶은 불에 홀린 인생이었소. 산더미같이 장작을 쌓아놓고 하룻밤 가마를 때고 나면 어스름한 새벽에 남아 있는 것은 한 줌의 재뿐이지요. 인생은 그런 것이지요." 한 줌의 재에 의미를 싣고, 그는 인생을 '그렇게 열정을 불사르고 나면 사그라지는 것'이라 하였다. 그는 왜 불에 그토록 열광하였던 것일까. 쇠잔한 팔뚝으로 두려움을 밀어내고 그가 토우를 보는 눈길 속에는 불이 활활 타고 있다. 그가 탄생시킨 도자기들이 열광의 단초가 아니겠는가. 미친 불춤 뒤에 사그라진 재를 딛고 찬란한 모습을 드러내는 도자기는 그가 불어넣은 숨결로 인해 생명을 얻었다.

이글대는 불꽃, 방학이 되자마자 시골 외가에 가는 기쁨에 들떴던 이유는 여러 가지가 있겠지만 그중 하나가 그것 때문이었다. 불씨가 놀란 듯 풀썩거리며 흩어지도록 장작을 던져 넣는 일, 부지깽이로 장작들 사이에 공기가 흐를 수 있는 공간을 만들어주는 일, 끝머리가 타서 불꽃이 줄어들면 조금씩 안으로 집어넣어 주는 일, 밥이 다 되면 타던 장작을 앞으로 끄집어내어 숯을 도두룩이 모아 놓고 감자를 파묻던 일, 입가가 시커멓게 변해도 아랑곳하지 않고 양손 번갈아가며 뜨거운 감자를 나누던 일. 불은 내게 어린 시절의 추억 같은 것이었다. 이글대는 불꽃을 자세히 살펴보면 여러 가지 붉은색이 보였다. 불순물을 태워버리고 색의 순정한 정수를 걸러낸 듯 깨끗한 붉은 천들이 잠시 피는 자신의 삶을 봐달라고 혼신의 정열을 다해 춤을 추었다. 그 춤에 매료되어 한 점의 불씨도 보이지 않을 때까지 이모 곁에 앉아 그 자리를 떠나지 않던 내 속에도 불씨가 들어앉았다.

토암의 불꽃은 거세게 타올랐다. 죽음에 이르기까지. 하지만 나의 불꽃은 확 불타오르다가 금세 잦아들기도 한다. 핑계 없는 무덤이 없다고 하지만 진정한 프로의 세계에서는 자리를 찾지 못할 말이 아닌가. 물을 끼얹어 푸석거리는 숯덩이처럼 괴로움을 호소하며 잦아드는 내 꿈이 안타까워, 번민이 가지를 치고 슬픔이 그물을 펼친 게 한두 번인가. 오늘 아침 일어나자마자 이 숲을 찾은 것도 쓰지 못하는 허기에 지쳐서가 아니던가. 훌훌 털고 떠나버린 토암 선생을 만날 수는 없지만, 그가 남긴 녀석들이 있다. 엉덩이를 털고 오솔길을 걷는다. 그가 부르고 싶은 노래를 대신 부르고 있는 토우들 중에 누군가 내게 그의 말을 전해주는 녀석도 있지 않을까.

그는 도공이었다. 도예전을 여섯 번이나 한 예술가였다. 우리 전통 도자기 연구에 정진하여 분청백자 재현에 힘썼고 가야토기 재현에 성공하는 등 토기 분야에서 많은 업적을 남기기도 하였다. 구운 도자기를 꺼내는 날이면 그도 불기가 채 가시지 않은 가마 앞에서 어김없이 도자기를 깨부수었을 것이다. 영화에서 본 것처럼 그 소중한 것들을 내던지기도, 팔뚝에 핏줄이 돋아나도록 망치로 내려치기도 하였으리라. 수북하니 쌓인 사금파리를 보며 흡족한 작품을 얻을 때까지 안주하지 않겠다는 결심을 얼마나 피나게 다졌을까. 완벽을 추구하는 작가 정신이 받쳐주지 않았던들 도공으로서의 그의 성공은 약속받지 못하였으리라. 하지만 예술도 마음에 터 잡은 것이었을까. 삶의 길에는 기대하지 못한 반전이 준비되어 있었다. 그가 비틀린 토우들을 받아들였던 것이다.

못난 녀석들, 못나서 더 마음이 가는 이 토우들을 어느 시인은 '바보 토우'라고 이름 짓기도 했다. 번드레한 겉치레가 판을 치는 세상에서 바보가 발붙일 수 있는 곳은 없다. 성형에 성형을 거듭하고서 영상을 통해 사람들에게 인기를 구걸하는 인형들이 득세하는 세상에서 처진 눈, 작은 코, 튀어나온 이마, 둥글둥글한 머리통을 가진 이들은 한구석에 밀쳐진다. 아름다움을 추구하던 예술가의 눈에 어찌 그들이 흡족하였을까. 하지만 토암 선생은 그것을 넘어서서 그들에게 차마 어쩌지 못하는 사랑을 품게 되었다. 그리하여 그들을 자신의 분신으로 받아들였다.

혼자 가리라. 죽음을 예정한 고독과 맞대면하고서 그의 손은 토우의 귀를 잘랐다. '자연식을 해야 살 수 있습니다.', '기도원으로 오세요.', '겨우살이만큼 좋은 게 없다네.', '새로운 치료법이…….' 귀는 소리가 자신의 세계로 들어오는 통로이다. 귓바퀴가 둥근 두둑을 이루고 경사를 지어 머리 바깥으로 솟아있는 까닭은 소리를 더 잘 모아오기 위함이다. 사람의 작은 머리에 귀가 두 개씩이나 있는 까닭은 많이 들으라는 조물주의 배려라고 한다. 하지만 그는 토우들에게 귀를 주지 않았다. 쐐기풀처럼 무성하게 얽혀 들어오는 세상 이야기를 내쫓고 빗장을 질렀다. 죽음 앞에서 동요하지 않고자 하는 그의 의지는 확고하였다. 허덕이지 않으리라. 꿈을 쥐고서 불과 함께 사는 삶으로 그는 돌아왔다. 불춤을 추다가 푸서이는 재로 남아 자유롭게 날아가리라.

토암의 삶, 지금까지 그가 추구한 것은 하나뿐이었다. 더 이상의 선택은 필요치 않았다. 머리를 비우고 하늘을 향하여 구멍을 내었다. 지구의 중심처럼 끓고 있던 생각들을 모두 버리고 지금까지 해 온 습관에 몸을 내맡겼다. 불에 홀린 삶, 흙에 홀린 삶을 떠나지 않으리라. 잡다한 세상사 속에서 중요하고 덜 중요함을 가리는 데 신물이 난 일상은 그에게 의미가 없었다. 해는 떠오르고 또 지고 시곗바늘은 쉼 없이 돌아간다. 망설이고 주저앉아 있는 시간은 차라리 그에게 고통이었을 터, 그릇도 아닌 터에 토우의 머리에 구멍을 낸 그는 더는 선택을 위해 불면의 밤을 지새우지 않았으리라.

입을 열었다. 헛된 소리로 내 삶을 혼란스럽게 하지 않겠다. 통곡을 베어 물고 응어리진 핏덩어리를 모두 세상 밖으로 내몰았다. 귀를 막고 머리를 비우니 입은 저절로 열렸다. 안으로 번민을 삭이기에는 너무나 절절한 삶에 대한 사랑이 있어 바깥으로 내보낼 수밖에 없었다. 내가 처음 이곳을 찾은 날, 비가 내렸다. 산비탈을 채운 토우들이 비에 씻기고 있었다. 빗물은 머리로 들어가 입으로 울컥대며 쏟아져 나왔다. 수돗물처럼 지속해서 쏟아내는 빗물들이 지극한 정성으로 토우를 세욕하고 있었다.

세욕은 성스러운 행사이다. 사월 초파일에 미혹한 중생이지만 행여 마음을 가다듬고자 등이라도 달러 절에 오르면 대웅전 앞마당에 길게 늘어선 사람들이 눈길을 끌었다. 탄생 불상에 감로차를 한 바가지씩 끼얹으며 영혼의 정화를 기원하는 관불회(灌佛會)에 참여하기 위해 각색 등 아래 한없이 기다리고 있던 사람들을 보는 동안 내 마음도 씻긴 듯 가라앉았었다. 어디 불교에서만 그런가. 죄를 물속에 장례 지낸다는 의미의 침례, 윤리적 회개를 요구한 요한의 세례, 세례를 통해 신들과의 신비한 하나 됨을 성취하는 동방의 밀교, 모두가 번뇌를 버리고 자신을 찾아 나선 적극적인 몸부림이 아니겠는가.

버리고 또 버리면
언젠가는 무심한 하늘빛만 담아낼 수 있을까.
씻기고 또 씻기면
언젠가는 진정한 삶의 찬가를 부를 수 있을까.

어느 때는 여름날 우거진 수풀 속의 우람한 나무인 양 오만하기도 하였다. 모든 것을 거두어들인 겨울에는 앙상한 가지들 사이로 모든 것을 드러낼 수밖에 없는 부끄러움의 경계에서 오만했던 어깨를 때론 움츠리기도 하였다. 여름과 겨울을 번갈아 보내면서 외줄 타기처럼 신경을 곤두세우고, 모래판에서 세상과 맞붙은 씨름선수처럼 헉헉거렸다. "생사의 가름 선이 된 외줄 위에서 이제는 더는 눈치를 보기는 싫다. 온몸을 비우고 세욕까지 마치고 나면 비로소 참 나가 되지 않으리." 그때 토암의 심정을 대신 읊조려보며 우산을 받고 서 있었던 선바위 곁에서 나는 촉촉한 물 냄새를 맡는다.

내가 이 장소를 찾아온 이유는 무엇이던가. 아마 나도 내 영혼의 세욕을 기대하였지 않았을까. 번잡한 일들이 나를 좌우 사방으로 끌어당길 때, 채를 썰어 둔 시간 조각들이 너무 잘게 썰었다고 푸념하는 걸 느낄 때, 슬쩍 욕심을 부려보다 남들의 호된 시선에 부딪혀 상처 입었을 때, 보람을 찾아 헤매던 거리에서 문득 사방을 둘러보고 혼자임을 느낄 때 너덜너덜해진 영혼을 붙잡고 나는 이곳을 찾았다. 토우들 사이에 앉아 멀리 대변항을 바라보며 미동도 하지 않는 먼 바다로 시름을 날려 보내었다. 그리고 생기를 불러 모았다.

이 토우들의 맥은 신라에 닿아 있다. 신라 토우들처럼 절제된 자기표현으로 질박한 아름다움을 보인다. 경주 황남동 일대에서 발굴된 신라 토우들의 모습을 보고 미소 지은 적이 있었다. 지게로 항아리를 나르는 인물 토우나 괭이를 둘러맨 인물 토우는 얼굴에 마땅히 있어야 할 눈, 코, 입이 없고 참으로 단순한 선으로 이루어져 있었다. 성적인 표현이 과장된 다른 토우들은 과감한 생략과 확대, 자유분방하고 파격적인 표현으로 보는 이로 하여금 웃음을 참을 수 없게 한다. 단순한 것 같으면서도 세련되고, 기교적인 것 같으면서도 무심함을 담아내고 있는 신라 토우의 모습이 토암의 토우들에서 어른댄다.

사실 신라 토우들은 대부분 무덤의 껴묻거리였다. 죽은 자가 저승에서 재생하여 영원히 살기를 기원하기 위한 희생과 염원의 산물이었다. 하지만 몇천 년의 세월 뒤에 토우들은 이승에 부활하여 박물관에서 그 시대를 증언하고 있다. 신라인도 가고 토암도 갔다. 신라인의 토우는 경주박물관에서 살고, 토암의 토우는 토암공원에서 산다. 주인을 부활하게 하지는 못하였지만 남은 이들에게 주인을 기억하게 하는 신성한 의무를 수행하면서……. 어눌한 듯하면서 확고한 선, 같은 듯하면서 같은 것은 하나도 없는 토암의 토우들, 처절한 아픔으로 잉태한 삶의 흔적이기에 어쩌면 미숙하게 느껴지는 선이 이토록 친밀하게 느껴지는 것이 아닐까.

빈손으로 왔지만 채우는 것이 인생이라 믿었다. 하나씩 손에 들어올 때마다 기뻐하며 꽉 움켜쥐었다. 하지만 죽음 앞에 서고 보니 그것들은 모래와 같았다. 욕심이건 재물이건 명예건 죽음 앞에 무슨 소용이 있단 말일까. 거꾸로 선 모래시계의 모래는 다 흘러내린 후에야 움직임을 멈춘다. 손가락 사이로 어느새 흘러내리고 만 그것들에 마음을 두지 않는 순간에 사람은 진정한 자유인이 되고, 머무름과 떠남에 연연하지 않을 수 있을 것 같다.

나는 못난이 토우
열려 있는 머리 사이로

빗물이 흘러가고
바람이 머물다 가요.

무엇이 그리 괴로우신가요.
그저 물처럼 바람처럼
자연스럽게 살아요.

승진하기 위해 발버둥 치고, 경쟁자를 곁눈으로 보며, 나보다 우월한 남을 넘어서겠다는 열망으로 들떴던 시간이 기억 속에 들어와 다소곳이 줄을 선다. 셋방에서 셋집으로 옮겼을 때의 기쁨과 작은 내 집을 마련했을 때의 환희는 잊어버리고 지금 사는 큰 집조차 마땅치 않아 툴툴대던 내 모습이 그 옆에 가만히 고개를 숙이고 섰다. 물질과 명예를 채우기 위한 나의 분주한 삶은 시작과 끝을 알지 못하였다. 이곳에 오고 싶었다. 하지만 이번에도 몇 번이나 일정을 조정해야 했다. 약속과 일들이 그렇게 소중한 것이었을까. 언제부턴가 그들이 내 삶의 주인이 되어버린 것일까. 자연의 소리에 귀 기울이지 않고 내면의 소리를 듣지 못하고 사는 생활은 벽장 속에 갇힌 듯 가슴이 답답하였다. 한줄기 솔바람이 분다. 산줄기에 앉아 바다를 바라보는 이 자리, 먼저 떠난 이가 삶의 열정을 고스란히 쏟아놓은 이 자리에 앉으면 가슴이 트인다. 토암 선생은 어땠을까. 솔바람에 힘입어 천천히 오솔길을 걷기로 했다.

그가 선택한 토우들은 귀가 없다. 세상 모두가 갖고 있는 것을 부정하는 데에는 얼마나 큰 용기가 필요했을까. 그의 마음을 모르는 바 아니지만 좁은 내 소견으로는 안쓰러운 생각이 들기도 한다. 빗장을 지른다 하여도 담 너머를 내다볼 수 있는 작은 댓돌 하나 담 아래에 준비하면 어땠을까. 벽을 세워 안과 밖을 차단한다 하여도 작은 봉창 하나 내어 두면 좋지 않을까. 목이 작은 셔츠의 단추를 모두 채워 입고서 빳빳하게 목을 세우고 있다가도 맨 위 단추를 하나 풀면 막힌 숨이 트이는 법인데. 예외를 두지 않고 닫아걸어 버린 마음은 어쩌면 더 큰 절망의 표현일 수도 있지 않을까.

흙 오두막 앞에는 대밭이 있다. 사그락사그락 댓잎 부딪는 소리에 귀를 세운다. 사방에는 아무도 보이지 않고 매미들조차 입을 닫았다. 소음 속에 있을 때는 고요가 그리워지다가도 고요 속에 들어앉으면 다시 누군가의 말이 그리워지는 것이 인지상정이 아닐까. 누군가와 소통하고 싶은 마음에 먼 곳까지 눈길로 훑어보지만 움직이는 것은 보이지 않았다. 주변의 토우들로 눈길을 돌렸다. 하나하나 훑어보며 말을 걸어보지만, 귀로 듣지 못하는 그들은 자신만의 노래를 부르느라 내 말을 듣지 않는다. 하지만 그건 기우였다.

'휴대전화를 하는 토우', 그는 귀를 가지고 있었다. 이천 개가 넘는 토우 중 딱 두 개의 토우는 전화를 하는 중이었다. 누구와 무슨 대화를 나누고 있을까. 간혹 끓어오르는 울분과 정리한 세상에 대한 미련의 토로, 자잘한 일상과 소식에 대한 나눔을 통해 마음을 가라앉히고 의욕을 충전하는 세상 사람들의 모습을 선생은 잊지 않고 있었나 보다. 세상과의 단절을 선언했지만 어떤 면에서는 세상과의 소통을 소망했던 선생의 마음이 거기 있었다. 안도의 숨을 내쉰다. 생전에 그가 시작한 토암음악회를 생각해 보면 그가 세상과 완전히 단절한다는 것은 믿을 수 없는 일이기 때문이다.

암 선고를 받고 덜컥 수술을 받은 후 지인들에게 자신이 줄 수 있는 최상의 선물이 무얼까 고민하다가 그는 지인들을 모아 음악회를 열었다. 차도가 없어서였을까. 최신의학에 의탁하는 것이 부질없는 노력이라 여겼기 때문일까. 토암 선생이 항암 치료를 거부하고 토우에 남은 힘을 쏟아붓는 동안에도 음악회는 계속되었다. 스무 명으로 시작한 음악회가 십여 회 만에 천 명이 훨씬 넘는 관객을 불러들이는 것은 어떤 매력 때문일까. 올해도 시월의 마지막 밤, 나는 그곳을 찾을 것이다. 저명한 성악가와 가수, 그리고 보통 사람들과 함께 나도 노래를 부르고 싶다. 어느 때보다 더 열심히 노래를 불러댈 그의 토우들과 함께 목청을 높이고 싶다. 그렇게 내 안의 소리를 내보내고 나서도 쉽게 그 자리를 떠나지 못할 것만 같다. 사위가 조용해지고 쓰르라미들의 뒤풀이가 시작될 즈음이면 어김없이 내 친구 정희를 생각하게 될 테니까.

정희가 나를 떠난 지 이 년이 넘었다. 그녀는 참으로 열심히 살았다. 직장에 다니면서도 집안 대소사 챙기기며 아이들 뒷바라지에 온 힘을 쏟던 그녀는 자신을 위해서는 시간을 내는 것도, 사치를 하는 것도 모르는 전통적인 어머니였다. 늘 옆에서 '자기 자신도 좀 위하라'고 충고를 해대는 내게 웃음으로 답을 해주던 그녀였지만, 그녀에게 씌워진 암이라는 멍에는 그녀의 마음을 순식간에 닫아버렸다. 사표를 내고 아는 이들에게 일체의 연락을 끊은 채 그녀는 잠적해 버렸다. 온 데 수소문을 해 보았지만 돌아오는 답은 '모른다'라는 말뿐이었다. 안타까워 사진들을 들추던 날을 보내고 나는 생활 속에 묻혔다. 가끔 그녀가 생각이 날 때 잠시 그녀를 잊었다는 죄책감으로 밤을 새우다가는 또 잊고 사는 날들이 계속되고 있다. 하지만 '모른다.'라는 말을 면죄부로 삼기에 정희는 내게 너무나 그리운 이가 아닌가.

세상에 올 때는 모르는 사이였다. 인연의 끈이 이어져 함께 한 시간 동안 정희와 나는 서로를 너무나 잘 안다고 생각했었다. 지금 내가 그녀에 대해 알고 있는 것은 무엇인가. 우리를 떠난 그녀의 마음은 무엇일까. 아무도 모르는 곳에서 그녀는 어떤 모습으로 지내고 있을까. 정희는 무슨 생각을 하고 있을까. 아직도 절망에 붙잡혀 있을까. 내가 그녀의 짐을 덜어줄 부분은 조금도 없었던 것일까. 메일이라도, 전화라도 연락이 된다면 그녀를 이곳으로 이끌고 싶다. 그리고 토암 선생 이야기를 해 주고 싶다. 휴대전화를 들고 있는 이 하얀 토우 앞에서.

간절한 표정으로 그 토우가 나를 보고 있다. 온 마음 다 비워 낸 선생이 내게 말을 건네고 있구나. 선생의 전화를 받을 수 있는 수화기는 모양이 없다. 그저 내 마음속에 선생의 말씀이 스며들 따름인 것을. 한낱 지푸라기 같은 고민에도 풀기 없이 처지는 나를 향해 그 토우가 웃고 있는 듯하였다. 대나무 숲을 훑는 바람 소리에 섞여 가느다란 전화벨 소리가 이명처럼 귓전을 맴돌았다. 정희에게 오늘은 보내지 못할 편지라도 써야 할까 보다. '주소 불명'의 도장을 찍고 돌아온 편지를 내 손으로 치우는 일은 내게 슬픔을 더한다. 귀를 가진 토우 덕분에 마음이 가라앉는다. 정희도 지금 나를 생각하고 있지 않을까. 내가 자신을 그리워함도 알고 있을 터이지. 생각이 이에 이르자 안심이 되고 나는 천천히 오솔길을 걷는다.

처음 방문했을 때 이 동산에 초록 비가 내렸다. 그 날의 감동을 나는 일기에 적었었다.

빗발이 세어졌다. 귀 없는 토우, 머리가 텅 빈 토우, 노래하는 이천두 개 토우들의 장중한 음악이 빗줄기를 흔드는 세찬 바람을 타고 대나무밭을 흔들기 시작했다. 그들이 나를 보고 있었다. 원시의 제의를 연출하는 듯 날렵한 잎들은 마구 부대끼며 내게 물방울을 흩뿌렸다. 세상의 추악한 일들로 더럽혀진 육신과 정신을 말끔히 씻으려는 몸짓들이 자욱한 물안개로 피어오르고 기원의 내용을 하늘에 전하려는 무녀의 손에 든 신물처럼 대나무들이 우우 울었다. 그 앞에서 내가 움켜쥐고 있는 욕망은 얼마나 누추한가. 삶이 힘들다고 짜증 부리고 남들이 나를 몰라준다고 슬퍼하며, 비교하고 부러워하며, 비난하고 아파하던 부끄러운 기억들이 댓잎들 쓸리는 소리에 섞여 빗속으로 풀려나갔다. 토암 선생의 삶터에서 내 삶의 때가 빗물에 씻겨나가고 있었다. 윙윙거리며 비상하는 한 덩어리의 합창 교향곡이 내 몸을 관통하여 흐르기 시작했다.

'합창'은 말 그대로 함께 하는 것이다. 너와 내가, 그리고 우리가 목소리로 조화를 이루는 것이다. 육신과 정신이 하나 되어 자신을 세상에 내보이는 것이다. 베토벤의 교향곡 9번 '합창'을 들으면 신성한 울림에 절로 자세를 바로잡게 된다. 그리고 신비한 장엄미에 압도되어 눈을 감는다. 소리를 들을 수 없는 무음의 상태에서 작곡된 한 편의 장엄한 대서사시를 들으며 그에게서 신의 경지를 느낀다. 베토벤, 그가 누구인가. 실러의 시에 감동을 받은 후 삼십 년의 세월을 구상하여 반전에 반전을 거듭하는 경이로운 교향곡을 작곡한 인간 정신의 위대한 승리자가 아닌가. 음악인이 소리를 들을 수 없다는 것은 무엇을 뜻하는가. 많은 이들이 베토벤의 시대는 끝났다고 수군대었으며 그 자신도 자신의 상황을 죽음에 비유하곤 하였다. 그러나 그는 그 이유로 죽지 않았다. 심장을 울리는 작은 떨림에 마음을 실었다. 막대기 한끝을 피아노 위에 닿게 하고, 다른 한쪽 끝은 입에 문 채 이빨로 전해지는 피아노의 진동으로 곡을 써 내려갔다고 일화에 전한다.

절대 고독의 세계. 그는 자신이 만들어낸 이 위대한 교향곡이 연주되는 순간 지휘봉을 잡지 못하였다. 지휘자의 옆에 자리를 잡고 앉아 악보를 보고 있었지만, 실제로는 악장이 끝났는데도 페이지를 계속 넘기곤 했다고 하니 어찌 곡의 끝을 알 수 있었을까. 연주가 끝나고 베토벤은 무대 한가운데서 고개를 숙이고 서 있었다. 합창단원 한 명이 달려와 그의 몸을 관객 쪽으로 돌렸다. 수많은 이들이 환호하며 기립박수를 보내고 있었다. 천국과 지옥의 사운드를 거쳐 승리의 기쁨을 노래하는 4악장의 합창에 이르기까지 인간의 감정과 이상이 절묘하게 결합되어 인간 승리와 삶의 환희를 노래하는 자신의 교향곡처럼 사람들이 자신을 향해 기쁨의 박수를 보내고 있지 않은가. 베토벤은 승리자였다. 몇 년 뒤

세상을 떠난 뒤에도 그는 영원히 승자로 남았다.

토암 선생도 내가 처음 그곳을 들른 몇 해 뒤에 유명을 달리하였다. 베토벤이 청력을 상실하고서도 악보와 지휘봉을 버릴 수 없었던 것처럼 그도 외줄 위에 올라선 위태로운 지경에서도 흙과 불을 버리지 못하였다. 손때 묻은 물레와 근개, 조각칼과 전대를 손질하고 가마와 땔감을 살폈다. 죽음의 두려움을 딛고 일어나 그는 불 속에서 태어난 화동들을 거느리고 삶 속에 다시 우뚝 섰다. 자신이 본인의 삶에 있어 주인이 되겠다고 선언하였다. 주눅 들거나 약물에 찌들지 않고 의연하게 남은 삶을 자기 뜻대로 살았다. 그리고 때가 되어 세상을 버렸다. 그도 비극에 무릎 꿇지 않은 승자였다.

사람은 죽으면 흙으로 돌아간다고 한다. 토암 선생도 그가 평생 사랑하던 흙이 되었을까. 사람들은 죽음을 두려워하기에 죽음을 두려워하지 않거나 죽음으로 무언가를 이루어내는 굳센 정신을 가진 이의 도전은 감동을 남긴다. 황순원의 단편소설 '독 짓는 늙은이'의 주인공 송 영감 또한 그런 사람이다. 봄꽃이 피기를 기다리던 어느 날, 토암 선생의 부고를 신문에서 읽은 나는 내가 태어나기도 전에 만들어진 영화 '독 짓는 늙은이'를 떠올리고 숙연해졌다.

송 영감은 비척거리며 가마에 불을 피운다. 삶의 기쁨이었던 마누라는 야반도주했고, 삶의 보람이었던 어린 당손이는 남의 집에 보낼 수밖에 없었다. 병든 몸으로 몇 번씩 쓰러져 가며 정성을 들였건만 자신이 빚은 옹기들은 가마 속에서 불길을 이기지 못하고 터져버렸다. 무슨 방법이 있을 것인가. 마른 나무를 한 아름 안아 불 속에 던져 넣은 다음 그는 옹장의 자존심을 가슴에 품고 활활 타는 불 속으로 뛰어든다. 송 영감의 죽음은 순교자의 죽음처럼 비장하였다.

원작 소설의 뒷부분은 영화와 조금 다르다. 송 영감은 가마 앞쪽에 자리 잡고 있는 거지 무리를 지나서 가마 안쪽 뜨거운 곳으로 기어들어 간다. 무엇을 찾는 것처럼 눈을 번득이며 계속해서 기었다. "보통사람은 견딜 수 없는 곳까지 간 그는 자신의 독 조각들이 흩어진 곳에 이르자 단정히 무릎을 꿇고 앉았다. 그 자신이 터져나간 자신의 독 대신이라도 하려는 것처럼." 작가는 마지막을 이렇게 쓰고 있다. 죽음으로 자신의 예술 세계를 완성하려는 장인의 모습은 처절하고 엄숙하다. 송 영감이 완성하려 했던 독과 토암 선생이 마지막 힘을 쏟아부었던 토우들, 모습은 다르나 그 정신은 마찬가지라는 생각을 한다. 토암의 부고를 접하고 활활 타오르는 불길과 토우들, 그리고 그의 사진을 오버랩한 영상이 오래 머릿속을 맴돌았다.

토우들을 위에서 내려다보니 오븐에서 꺼내 큰 쟁반에 널어놓은 도넛 형상이다. 묘하게도 이런 형상을 보면 속을 만져보고 싶어진다. 안은 어찌 생겼나 싶어 손을 넣어 휘저어 보았다. 괸 물도 쌓인 낙엽도 없이 그저 텅 빈 곳이었다. 비어 있다는 것은 새로운 것을 채울 수 있다는 말이 아닌가. 그의 토우를 만나고 어루만지는 시간에 보이지 않던 그의 암호가 껍질을 깨고 내 속으로 들어왔다. 그가 부르고 싶은 노래는 원망의 노래가 아니리라. 허무나 자포자기의 노래, 외면의 노래도 아니리라. 깊이를 알 수 없는 절망의 늪에서 건져 올린 것이기에 그것은 영혼으로 부르는 웅혼한 생명의 노래라 할 수 있지 않을까.

기가 모이면 돌도 땀을 흘린다고 한다. 한 줌의 흙으로 형상을 빚고 불꽃의 힘을 빌려 생기를 불어넣었다. 마지막 춤이 될 줄 알면서도 뛰어들지 않을 수 없는 부나비처럼 토암 선생은 불에 매료되었다. 불꽃을 지켜보며 그 속에 자신을 용해시켰다. 사위어가는 육신 속에서 청정한 정신을 거두어 담아 화동들을 낳았다. 알을 깨고 아프락사스를 향해 날아오르는 새를 받아들일 준비를 마쳤다. 죽음의 그림자는 삶의 궤적에 검은 장막을 드리웠지만, 마음에서 뛰쳐나온 화동들로 인해 그는 두려워하지 않았을 것만 같다. 불은 모든 것을 삼키지만, 또 모든 것을 태어나게 한다. 토우들의 노래를 꽁무니에 달고 걷다 보니 주인 잃은 일터 가까이에 허름한 작은 팻말이 서 있었다.

헛된 소리 딱한 소리
듣지 말고
텅 빈 마음으로
참된 노래를 하자.

세상에 보내는 토암 선생의 호소가 화살처럼 가슴에 와 박혔다. 내가 불러야 할 노래가 어렴풋이 모양을 짓는다. 그는 삶의 일기장을 덮었지만, 그가 남긴 화동들은 오늘도 생명의 노래를 부르고 있다. 신앙과도 같은 한 줄기 생명의 노래가 있어 그는 여한이 없으리라. 정신으로 낳은 자식들에게 삶을 응원하도록 자리를 만들어주고 그는 훌쩍 떠나 영겁의 세상에서 신선이 되었으리라.

나는 옛날이야기 속의 주인공처럼 오늘도 그를 떠올린다. 이승을 떠났지만, 누구보다 더 진한 삶의 향기를 지닌 사람, 토암 선생을 화선(火仙)이라 불러도 되지 않을까.

작품평

날선 인식으로 교직된

감성과 지성의 아라베스크

_권대근

날선 인식으로 교직된 감성과 지성의 아라베스크

권대근

(비평가, 대신대학원대학교 문학언어치료학 교수)

1. 열며

수필은 새가 하나의 세계인 알을 깨고 태어나듯이 인습과 고정관념을 깨고 태어난 새로운 세계의 열림이다. 한 인간이 이 세상에 태어난다는 것은 새로운 세계의 열림이 아니다. 우리는 단지 예전부터 있어온 세계, 기성품으로 가득 찬 인습의 세계, 타인의 가치가 규범으로 옭아매고 있는 타인의 땅에 태어난 것이다. 타고난 개성을 바탕으로 새로 탄생하기를 원한다면 낡은 인습과 타인들의 가치로 뭉쳐진 알을 깨지 않으면 안 된다. 기성품의 세계에서의 바람은 질서와 떳떳함과 맑은 세계로, 남의 가치에 맞춘 또 다른 기성품으로의 삶이다. 이 기성품 세계의 맞은편에는 또 다른 세계의 삶이 있다.

송명화는 우리의 눈에 보이는 기성품의 세계가 아닌 또 다른 세계, 즉 어두운 세상을 낯선 인식으로 열어젖히는 열린 작가다. 사회의식을 문학적으로 형상화하는 능력이 탁월하다. 이 글에서 다루게 될 송명화의 사회수필들은 하나같이 독자에게 '삶'이란 무엇인가, 어떻게 사는 게 바르게 살아가는 것인지에 대한 질문을 던짐으로써 실로 우리들의 눈시울을 뜨겁게 하는 진지한 성찰을 안겨준다. 이처럼 진지하게 우리네 삶의 본질을 천착해 보인 작품이 있었던가. 그녀의 맛있는 수필들은 진정으로 우리가 읽고 싶은 수필들이라 감동을 준다. 이는 그녀가 세상을 향해 눈과 귀 그리고 가슴을 열어놓고 제 물상의 발신음을 듣는 열린 마음의 작가이기 때문일 것이다.

그녀의 수필 속에서 부드러운 감성과 예리한 지성이 교직되고 있음을 발견하기란 그다지 어려운 일이 아니다. 그 같은 이중적 양자의 교직을 통해 작가는 나름의 개성적 색깔을 문학적 형상화로 축성하기를 소망한다. 때로는 소시민적 일상을 수필적 제재로 활용하는 것처럼 보이지만, 그런 경우라도 결코 단순한 소품으로 그치는 경우란 드물다. 하찮은 소재라도 '다시 보기'를 통해 인식을 정교하게 형상화하는 데 뛰어난 작가이기 때문이다. 21세기를 여는 그해 등단한 이래로 줄곧 주목받는 본격수필을 써왔다는 측면에서 그녀는 21세기적 수필을 대표하는 작가 중의 한 명, 아니 앞자리에서 횃불을 든 작가라 할 수 있겠다. 현미경을 들고 다섯

편의 수필을 내밀하게 관찰해 보도록 하겠다.

2. 펼치며

송명화의 수필 세계는 내용과 형식의 완벽한 조화를 그 특징으로 하며 비평의 렌즈를 번뜩이면서 작가 자신이 직접 네거리로 뛰어나가 현대문명의 병폐와 부조리를 목이 터지게 외치는 그런 지성의 세계이다. 작품집 『에세, 햇살 위를 걷다』에는 삶의 조건에 대한 에코토피아적 통찰이, 『사랑학개론』에는 인간의 조건에 대한 토포필리아적 성찰이 담겨 있는데 책 속의 작품들은 어느 것이나 수작으로 높이 평가되고 있다. 송명화는 같은 시대의 대다수 여성수필가들과 달리 인식을 통한 수필 쓰기가 창작의 바탕을 이루면서 탄탄한 자기 세계를 가지고 있다. 한낮의 빛보다는 밤의 어둠을 더 사랑한 수필가라는 평가가 잘 어울리는 작가라 하겠다. 그녀의 명성은 교육신문, 전남일보 신춘문예, 제1회 김만중문학상 수필 부문 수상, 제1회 부산수필학회상, 제1회 풀꽃수필문학상, 제17회 국제문화예술상, 제1회 연암박지원문학상, 제5회 부산수필문학상, 제2회 부산펜문학상, 제1회 한국에세이평론상 등에 빛난다.

2-1. 맛 나는 서두, 플로베르의 일물일어설

송명화의 수필 『탈탈탈』은 자유의 소중함을 특이한 체험으로 확보하고, 이를 수필로 승화시킨 작품이다. 밤이 두려워진 작가가 두려움을 무릅쓰고 정체불명의 소리를 규명해내고자 하는 것 또한 자기 생존의 본능이다. 그것은 타인과의 인정 속에서의 공존이며, 자기 만족을 위한 충동이다. 이 유전인자는 우리 삶의 청사진을 가지고 있다. 그 하나의 욕구가 충족되면 또 다른 여러 욕구들이 동시에 또는 서로 상충하면서 서로 만족을 얻으려고 우리를 동시에 압박한다. 소속의 욕구는 생존의 욕구만큼 절실하다. 소속에서의 소외는 살 가치를 상실한 상태를 초래한다. 하기에 이웃이 있을지라도 인간은 애완동물을 소유한다.

"탈탈탈탈……."

밤이 두려워졌다. 며칠 전부터 온 집이 캄캄해지고 잠이 들락 말락 할 무렵 어김없이 들려오는 소리가 있다. 오늘 밤에는 어떤 일이 있어도 무슨 소리인지 밝혀내고 말리라 마음먹었다. 아니나 다를까. 오늘도 어김없이 들리기 시작했다. 뭔가를 긁는 것 같기도 하고 가쁜 숨을 걸걸대며 몰아쉬는 것 같기도 한 그 소리. 일단 소리가 나는 방향을 찾아보려 했지만, 워낙 오묘한 소리라 알 수가 없다. 하는 수 없이 쓰지 않는 방부터 샅샅이 뒤지기로 했다. 캄캄한데 더듬거리는 것이 익숙하지 않아 하는 수 없이 불을 켰다. 한 번 살펴보고 불을 잠깐 껐다가 소리가 나는지 귀를 기울여보고 다시 켰다. 까치발을 하고서 뒷방에 도착했을 때였다. 소리가 몇 번 나더니 뚝 그쳤다. 평소 쓰지 않는 가구만 단출하게 들어있는 방이라 살펴볼 것도 별로 없는데 옷을 걸어놓은 행거에 눈길이 갔다. 옷들을 죽 미는 순간 다시 들리는 소리, "탈탈탈탈……."

– 송명화의 『탈탈탈』 발단 –

이 수필의 첫 출발은 '탈탈탈탈'이란 의성어로 시작된다. 그녀는 의도적으로 수필창작이론과는 다르게 수필의 서두를 금기어로 배치했다. 모든 규칙에는 예외 조항이 반드시 있게 마련이다. 플로베르의 일물일어설에 따르면, 그 말이 들어가야 할 곳에는 꼭 그 말이 들어가야 맛이 난다. 언어는 유기체적인 속성을 가지고 있어서 같은 말이라도 어떤 상황을 배경으로 하고 있느냐에 따라 의미가 달라지기 때문에 '의성어'라도 상황에 따라 그것이 금기어가 아니라 장려어가 되어 분위기를 살리거나 맛을 내는 수가 있다. 적재적소에 들어가는 경우에 해당하겠다. 수필은 발단의 문장이다. 서두가 전체 글의 운명을 좌우한다. 문학의 요체는 비유다.

수필의 서두는 주제의 상상화와 암시화 기능을 담당한다. 그래서 서두 첫 문장은 비유적인 표현이 많이 쓰이기도 한다. 이 수필의 주제는 사람이나 동물이나 생명체라면 삶에 대한 욕구, 좀 더 구체적으로 말하면 '자유에 대한 욕구'가 있다는 것을 보여주는 것이다. 이런 맥락에서 '탈'이란 어휘가 갖는 함축이나 상징성은 매우 다의적이다. 따라서 '탈탈탈탈'은 주제의 암시뿐만 아니라 발단부의 일반적인 기능인 관심 끌기에도 성공한다. 소리의 진원지는 '참게'다. 그것은 생명에의 욕구를 위해, 자유를 찾아서 용감하게 참게 무리에서 탈출(脫出)하였다. 마지막 문장도 역시 '탈탈탈탈'이다. 이런 경험이 좋은 수필로 태어나기 위해서는 작가가 이 소리를 어떻게 해석하는가가 중요하다. 물론 작가는 살기 위해 탈출을 시도한 참게 한 마리의 존재 확인을 통해 우리에게 의미심장한 진리를 전해준다.

2-2. 표현 효과를 위한 수사법의 적확한 이해

문학의 창작을 기술로 보는 생각은 옛날부터 있어 왔다. 아리스토텔레스의 『시학』은 예술은 기술이라는 관점으로 문학 창조를 위한 기술론을 일관되게 전개하고 있다. 예술이 정말 기술일지도 모른다. 그러나 그것은 단순한 기술 이상의 무엇이며, 특수한 기술이어야 할 것이다. 송명화의 수필에 나타난 언어의 기법을 보면, 더욱 아리스토텔레스의 말이 맞아떨어진다. 그녀는 의미를 만들어내고 전달하기 위해, 또는 언어를 조립함으로써 이미지를 만들어내기 위해 회화적인 수법을 많이 사용한다.

수사법의 요체는 비유다. 문학은 곧 비유다. 비유를 구사하지 못하는 사람은 문학가가 될 수 없을 것이다. 수필의 문장이 '전

달'보다도 '표현'에 그 목적이 있다는 사실과 수필문장의 본질이 직접화법보다 간접화법에 있다는 사실에서 볼 때, 수필은 곧 비유라는 의미로 해석해도 무방할 정도다. 송명화는 비유를 잘 활용하는 작가다. 비유를 통해서 언어에 새로운 생명을 공급한다. 그녀의 비유는 창조적인 힘으로 새로운 세계를 창조하는 데 기여한다.

보는 어머니의 비밀일기장이요, 사진첩이다. 공중에서 살짝 털어 양 끝을 잡고 놓으면 살포시 자리 잡는 정사각형의 영역 속에 온갖 이야기들이 피어난다. 꽃 다져 손가락마다 동여매던 댕기 머리 시절의 친구들 얼굴, 혼인날 새벽에 쪽창을 열고 앞산을 대면한 채 남몰래 한 자신과의 맹세, 층층시하 매운 시집살이 견디던 눈물받이 행주치마, 무디기 그지없던 지아비가 남 말하듯 툭 던진 한마디 정담, 자랑스러운 내 자식 첫 월급 정표인 이중직 내의, 아들이 머리에 씌워준 사각모의 기억까지 차곡차곡 내려앉는다.

– 송명화의 『보』 일부 –

누구나 '보자기'에서 향토적인 서정을 느낀다. 그러나 누구나 송명화처럼 '보'를 '어머니의 비밀일기장이요, 사진첩'이라고 인식하지는 않는다. 그녀는 누구나 범상하게 표현하기 쉬운 '보자기'를 의도적으로 낯설게 표현하고 있다. 그럼으로써 보자기라는 대상이 비로소 생동감을 지니게 된다. 이에 따라 읽는 이도 이러한 은유적 표현을 통해서 보자기의 신선함과 소중함을 새삼 새롭게 느끼게 된다. 정서적 결합으로 이끌어 미적 기능을 강화시킨다.

그런데 비유에 있어서 원관념과 보조관념이 논리적으로 연결되는 경우에는 두 가지 유사성으로 맺어지지만, 그것이 정서적으로 연결되는 경우에는 그에 못지않게 이질성이 양자에 끼어들게 되어 미적인 긴장감이 감돌게 된다. 윗글의 경우에도 보자기와 비밀일기장, 사진첩 사이의 유사성은 분명하지 않다. 그러면서도 하나의 유사성이 아닌 여러 가지 유사성이 양자를 이어주고 있는 듯하기도 하고, 유사성과 이질성이 역방향으로 서로 팽팽하게 줄다리기하는 듯도 하여 그 긴장감이 배가되고 있다.

2-3. 삶의 원리 확인을 위해 존재하는 수필

수필은 존재의 확인이다. 살아있음을 증명하는 것이다. 살아 있다는 것은 무엇인가에 의해 움직인다는 것이다. 그 무엇은 인간이 가지고 있는 욕구다. 그 욕구는 유전인자다. 유전인자는 생존과 생식에의 욕구며, 소속에의 욕구이며, 힘에 대한 욕구이며, 자유에 대한 욕구이며, 즐거움에 대한 욕구이다. 이 욕구의 충족을 위해 살아 움직이는 것이 우리네 삶이다. 수필은 이런 삶의 원리를 말해주기 위해 존재한다. 인간은 이 두 세계의 공존과 갈등에 대한 대답을 요청받고 있다. 이것이 인생의 고통이다. 기성 세계에서 규정지은 선과 악을 공유한 것이 분명하다면, 이 두 가지 세계를 포함한 새로운 세계를 창조한 것이 문학의 세계다. 새로 태어난다는 것은 괴로운 일이다. 인간은 누구나 새가 알을 깰 때의 아픔을 갖고 있지만, 그 아픔이 있어 아름다움이 생기지 않을까? 인간이란 누구나 아픔을 아름다움으로 승화하는 꿈을 꾸며, 그 꿈을 찾고 있다.

사람은 태어날 때 고고성으로 세상을 부른다. 울음소리에 불과하다고 느껴질지라도 그 소리는 어울려 함께 살아갈 수 있게 누군가 손 잡아달라는 첫 신청의 소리다. 청년기, 중년기를 거치는 동안 입원대기실의 그 할아버지와 배냇골의 그 할머니도 얼마나 많은 사람의 손을 잡아 주었을까. 노년이 된 지금 그들은 이제 소통을 신청하는 의미를 담아 손을 내민다.

'여보세요'라는 간단한 낱말에 절절한 소망을 담아 부르는 목소리는 가늘고 높다. 누군가 대답하지 않으면 절망의 나락으로 떨어져 삶을 포기해버릴 듯 위태로운 목소리, 그 부름에 기꺼이 대답하는 일은 젊은이들에게는 의무라 하는 것이 옳지 싶다.

– 송명화의 『여보세요』 일부 –

어두운 그늘에 권총을 겨누는 일은 인식의 출발점이다. 여기에 더하여 모든 수필 작품에는 휴머니티가 추가되어야 한다. 날선 인식의 배면에 훙건한 정이 있어야 가슴을 움직이는 수필 미학이 완성되는 것이다. 송명화는 현대인의 일상을 그대로 답습해가며 살면서도 결코 주위에 무관심하지 않다. 바쁜 가운데서도 인류 부재의 그림자를 외면하지 못하는 가슴이 따뜻한 작가이기 때문이다. 인간은 누구나 측은지심의 뿌리를 가지고 있다. 그 뿌리는 한 인간을 인간답게 한다. 그것의 발원은 주로 작가의식에서 출발한다. 사라져가는 것들에 대한 사랑, 작은 것에 대한 배려, 인류에 대한 깊은 인식에서 비롯되는 휴머니즘의 뿌리는 한 인간의 현재와 미래를 지배하게 될 근원적 힘이 되기도 한다. 그는 인간주의라는 고리를 통해 젊은이들에게 현재적 삶의 반성을 촉구하기도 한다.

2-4. 날선 인식과 낯설게 하기의 명수

사르트르는 '저물어가는 인간성의 회복을 위하여 작가는 적극 사회에 참여해야 한다.'고 밝히고 있다. 그가 말한 문학의 사회봉사 내지는 현실 참여는 인권이나 평화에 대한 관심을 의미한다. 어떤 수필도 문학성과 동시에 사회성을 갖지 않으면 안 된다. 이는 수필이 현실에서 출발하여 현실에서 끝날 수밖에 없는 사회와 밀접한 관계가 있다는 것을 내포한다. 작품 『차마』는 작가의 날선 인식이 강하게 투영된 작품이다. '차마'라는 부사를 제목으로 내세우며 부사적 삶의 실체를 동양적 사유로 그려내고 있어 강한 문학성을 확보하고 있다. '미라 할머니'와 '감금된 노모'는 효 정신이 사라져버린 현대적 패륜의 현장에 대한 고발이 주된 내용이다. 두 주인공은 자식이나 일가족으로부터 버림을 받아 홀로 비극적인 삶을 살아가는 비련의 인간이다.

'미라 할아버지'나 '감금된 노모' 두 방송으로 인터넷은 한동안 뜨겁게 달구어졌다. 피를 토하듯 격렬한 한탄과 걱정, 분노의 댓글들을 살펴보며 그들도 나처럼 안타까움의 눈물을 흘렸으리라 짐작되었다. 사회의 현상을 반영하듯 옛날처럼 효자, 효부의 이야기를 찾아보기가 쉽지 않고 불효자의 이야기가 심심찮게 사람들의 입에 오르내리기는 한다. 하지만 아직은 우리가 생활 속에서 배우고 자란 끈끈한 家 개념이 살아 있는 증거가 아닐까 싶어 얼마간 안심이 된다.

사람으로서 사람에게 차마 하지 못하는 마음, 내 안에 온전히 잘 있는가. 모두들 宀 아래 모인 가족이 豕처럼 고운 획들로 잘 연결되어 있는지 확인해 봄이 어떨는지.

- 송명화의 『차마』 결말 -

작가는 신문을 보면서, 이 두 주인공의 가련한 삶을 작가의식으로, 또 같은 인간의 입장에서 안타까운 시선으로 바라보고 있다. 무엇보다도 이 작품의 강점은 문학적 산문정신의 광채다. '사람으로서 사람에게 차마 하지 못하는 마음, 내 안에 온전히 잘 있는가. 모두들 宀 아래 모인 가족이 豕처럼 고운 획들로 잘 연결되어 있는지 확인해 봄이 어떨는지.'에 담긴 언표 내적 의미를 연상과 상상으로 재구성해 보면, 당위적 진실이 이미지로 재현됨을 알 수 있다. 실감과 유리되지 않은 산문의 거친 양식을 변형과 보수라는 문학 양식을 통해 형상화하려는 노력이 엿보이는 대목이다. 지구촌의 곳곳에서 신음하는 노인들의 아우성을 제재로 해서 우리네 삶의 밑바닥을 훑어내어 문학적으로 형상화시키는 저력에 박수를 보낸다. 이 글은 작가가 세계를 둘러싼 어두운 그늘에 대해 무엇을 어떻게 인식하고, 인식한 것을 어떻게 문학적 방식으로 변용할 것인가에 대한 고민을 보여주는 실례가 된다고 하겠다.

2.5. 거울과 수레 그리고 횃불을 든 여인

송명화의 날선 인식이 빛을 발하는 작품 중에서 빼놓을 수 없는 것이 『탱자꽃』이다. 이 작품은 화려한 불꽃놀이 이면에 숨어 있는 불쌍한 아이들의 눈물을 생각하며 쓴 수필이다. 부모의 빚 때문에 폭죽을 만드는 화약공장에서 담보노동을 하면서 인간 이하의 온갖 수모를 겪으며 힘겹고 어렵게 살아가는 아이들의 어두운 삶을 그녀는 드라마틱하게 전개하고 있다. 상식에 따라 사는 삶은 여러 유형 중에서 쉽게 선택할 수 있는 삶의 한 형태다. 시대를 변화시키고, 보다 나은 생을 창조하기 위해서는 안이한 태도를 가져서는 역사적인 결과를 기대할 수 없다. 누군가 이 아이들을 책임져야 한다. 억압에서 지옥에서 구해내어야 한다. 작가는 그 아이들을 '탱자꽃'이라 하였다. 그 척박한 환경에서 꿈을 접은 채 노동에 시달리는 아이들을 작가는 '어른들이 촘촘히 엮어놓은 감옥에 갇혀 가시울타리 틈새를 뚫고 간신히 굽은 꽃줄기를 내밀어 존재를 말하는 삶이 힘겨운 탱자꽃'이라고 적고 있다. 작가는 폭죽을 만들며 삶을 노동에 저당 잡힌 채 꿈을 잃은 아이들에게 꿈을 찾아주고자 한다. 그러나 이 아이들의 꿈은 세월도 치료책이 되지 못할 거라며 이렇게 슬퍼한다. '학교도, 놀이도, 하고 싶은 일도 거부당한 채 노동의 현장에 갇혀버린 어린아이들이 가질 수 있는 꿈은 무엇이 있을까. 가을이 되면 꽃 떨어진 서러운 자리에 동그란 탱자 여물 듯, 세월이 가면 아이들도 어른이 되고 나름대로 삶을 꾸리겠지만, 담보 노동을 하며 익힌 열매가 어찌 귤의 꿈을 꿀 수 있을까.'

한순간 반짝이고 더 깊은 어둠을 몰고 오는 줄 알면서도 그것이 그 아이들의 식사가 되는 것이 아니냐며 애써 나서기를 부인하거나 어쩔 수 없는 남의 나라 이야기가 아니냐며 시선을 거두려다가 멈칫 놀라고 말았다. 사나운 가시 울타리를 엮고 있는 게 내 모습이구나 싶어서다. 열 살 남짓 아이들의 눈물을 밟고 즐기는 불꽃놀이, 세상은 부끄럽기만 하다. 불꽃 터질 때 아이들의 울음 또한 터지는 것을…….

사람들은 불꽃놀이에 열광한다. 환한 빛에만 눈길을 두고 어둠은 짐짓 몰라라 한다. 눈에 보이는 것에만 마음을 두고, 보이지 않는다고 곪은 부위를 모른

체 해서야 어찌 낫기를 기대할 수 있으랴. 아이들이다. 가시에 포위된 탱자꽃이나 탱자가 되어서는 안 될 연약한 아이들이다. 탱자꽃의 향기를 즐기고 탱자를 굴리며 노는 평범한 기쁨을 알아야 할 소중한 아이들이다.

– 송명화의 『탱자꽃』 일부 –

독자들은 이러한 문장을 읽어 감으로써 지적으로나 감정적으로 자기를 해방시켜 가는 단서를 찾게 된다. 곧 문학이란 그러한 서로 간의 자유를 향한 작자와 독자와의 협력을 통해서만 비로소 성립될 수 있는 것이다. 이 수필은 '작가는 언어를 사용하여 세계와 인간을 타인을 향해 드러내고 그것에 책임을 짐과 동시에 타인에게도 책임을 지도록 하는 것이다.'란 사르트르가 한 말을 증명한다. 적어도 송명화의 문학은 언어가 갖는 가장 근원적이고도 체험적인 차원에서 그 같은 자유에의 지향이 이루어지는 곳에 존재하고 있다는 데서 그녀의 문학적 성과를 논할 수 있다는 것이 중요하다.

작가란 어둠을 밝히기 위해 횃불을 손에 든 사람이다. 당연히 어둡고 그늘진 곳을 찾아 불빛을 밝혀야 마땅할 것이다. 송명화의 눈은 이를 놓치지 않고 있다. 송명화의 「탱자꽃」은 작가의식이 빛나는 작품이다. 그녀의 또 다른 작품 「여인의 날개」와 마찬가지로 현실을 투시하는 예리한 눈의 조종을 받아 쓰인 작품이다. 교사로서의 직업정신뿐만 아니라 시대를 이끌어가는 지성인으로서 그 역할을 다하고자 하는 작가 정신이 돋보인다 하겠다. 「탱자꽃」은 죽은 과거를 되살려 오늘의 페인트로 칠하는 회고조의 작품이 아니라 현대성과 시대성 그리고 사회성까지 두루 아우르면서 '현재'와 '여기'를 작품의 시공으로 놓고 그려내고 있어 심금을 울리는 맛을 준다.

3. 닫으며

_여성수필의 이미지를 재건한 빛나는 제네시스

송명화가 혼신의 힘으로 그려낸 이 풍경화는 '지금까지 미셀러니 정도로 폄하되고 경시되어왔던 우리 수필, 나아가서는 한국 여성수필의 이미지를 새롭게 재건할 수 있는 빛나는 창작물이다.'라는 평가를 받아왔다. 우리 여성 수필의 한계로 지적되고 있는 역사 인식과 사회의식의 부족을 극복하고자 하는 노력이 이 작가로부터 시작되고 있다는 것은 우리 수필의 위상이 한층 더 높아질 수 있는 좋은 징조다. '있어야 할' 당위적 명제를 향해 시선을 돌리려 하는 자세에서 송명화 수필의 미래를 미리 내다볼 수 있다는 것은 이 수필들을 읽는 크나큰 기쁨이다. 이로써 송명화 수필들은 '의식이 없는'이란 에피쎄트로 수식되던 여성 수필가들에 대한 인식을 바꿀 수 있는 힘을 보유한다고 하겠다.

어떤 대상이라도 그것을 그것으로 보지 않고 그것을 무엇 무엇으로 보려는 작가의 관조적 태도가 녹아 있는 이 작품들은 사실을 사실대로 그려내야 한다는 보수적 수필론의 강박관념에 갇혀 있는 우리 수필가들에게 시사하는 바가 클 것이다. 이 수필들만큼 인간성의 모습을, 시대의 우수와 그림자를 포착해 낸 수필이 달리 있었던가. 한 번쯤 그녀의 수필을 읽고 독자들이 우리 수필의 품격을 생각해 보는 계기로 삼았으면 좋겠다. 그 대상의 안과 밖 그리고 이 측면 저 측면 두루 살펴 남들이 보지 못하고 생각하지 못한 의미를 캐어 내고자 하는 그녀의 인식적 태도와 시대성과 사회성을 견지하는 송명화의 예리한 안목이 우리 수필의 '눈'으로 자리 잡고 있기에, 독자들은 이제 본격수필을 통해서도 보이지 않는 사회의 내면을 육안으로도 바로 볼 수 있는 기회를 얻게 된 셈이다.